# 평설자치통감

권006

이 도서의 국립중앙도서관 출판시도서목록(CIP)은 e-CIP홈페이지(http://www.nl.go.kr/ecip)
와 국가자료공동목록시스템(http://www.nl.go.kr/kolisnet)에서 이용하실 수 있습니다.
(CIP제어번호: CIP2017013689)

## 평설자치통감 권006 · 진시대01

2017년 11월 1일 초판 1쇄 찍음
2017년 11월 7일 초판 1쇄 펴냄

지은이  권중달
펴낸이  정철재
만든이  권희선 문미라
디자인  정은정

펴낸곳  도서출판 삼화
등  록  제320-2006-50호
주  소  서울 관악구 남현1길 10, 2층
전  화  02) 874-8830
팩  스  02) 888-8899
홈페이지  www.tonggam.com | www.samhwabook.com

ⓒ도서출판 삼화, 2017, Printed in Seoul Korea
ISBN  979-11-5826-084-2 (04910)
ISBN  979-11-5826-017-0 (세트)

* 책값은 표지 뒤쪽에 있습니다.
* 잘못 만들어진 책은 구입하신 서점에서 바꿔드립니다.

# 평설자치통감

### 권006

### 진(秦)시대 01

권중달 지음

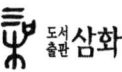

## 들어가면서

《자치통감》을 번역하고 출판한지 벌써 몇 해가 지났다. 그동안 경향 각지의 많은 독자들의 격려와 고언을 받으면서 독자들에게 한걸음 다가가는 책이 필요하다고 절감하였다.

독자들 가운데 원문(原文)을 보고자 하는 사람이 많고, 또 사료라 할 원문에 대한 일정한 정도의 해설적 설명인 평설(評說)이 필요하다는 독자도 있었다. 번역을 원문과 대조해 보면서 읽는다면 훨씬 그 맛을 더할 수 있기 때문이고, 다른 한편으로는 평설을 통하여 원문에 대한 역사기록을 깊이 있게 이해하고자 함이었다.

이에 한 걸음 더 나아가서 귀에 익숙한 《통감절요》(이하 절요)와 《통감강목》(이하 강목)이 《자치통감》 가운데 어느 부분을 생략하였고, 또 어떻게 줄였는지를 보여 주는 것도 독자들에 대한 봉사라고 생각하였다.

그리하여 번역문과 《자치통감》의 원문 그리고 그 부분에 해당하는 《절요》와 《강목》의 원문을 실어서 비교할 수 있도록 하였다. 이는 이 책을 통하여 통감학에 대한 입체적 검토를 할 수 있게 하려는 것이다.

 이 《평설 자치통감》은 《자치통감》에 실린 내용을 역사적 이해를 돕기 위한 것이므로 내가 계속 추진하였던 또 다른 방향에서의 '자치통감 행간읽기'이다. 이 책이 역사 기록을 보는 안목을 조금이라도 높이는데 도움이 되기를 바라는 마음이다.

권중달 적음

# 목차

- 004 들어가면서
- 008 실린 내용
- 011 범수에게 다가온 위기
- 019 물러날 때를 설파한 채택
- 025 순자, 임무군과 군사론을 토론하다
- 029 순자와 임무군의 시각 차이
- 032 군사를 정치적 시각으로 본 순자
- 036 강군을 만드는 방법
- 043 순자의 육술(六術)·오권(五權)·삼지(三至)
- 049 순자가 주장한 군사제도
- 054 군대를 두는 이유를 둔 토론
- 057 패권을 장악해 가는 진(秦)
- 062 조를 무리하게 공격한 연왕
- 068 연왕의 실패와 고사(高士)가 되는 길
- 074 여불위의 전면등장과 동주군의 소멸
- 079 새로운 길을 개척하려는 춘신군
- 082 위나라 신릉군의 성공과 실패
- 096 진에 보낸 수공(水工) 간첩 정국
- 101 조나라 명장 염파의 몰락

106  조나라 명장 이목의 군사지휘 조건들
114  흉노와 경계지역에 진·조·연의 장성 쌓기
122  납속수작을 실시한 진(秦)
125  동진하는 진, 대책 없는 제후국들
129  5국 합종의 실패
133  진의 새로운 시작
136  친정에 나선 진 시황제
139  영정의 친정과 태후의 환관 노애
146  이원에게 역습당한 춘신군의 마지막
154  전국시대 4공자에 대한 평가
157  새로운 정책 축객령과 이사의 건의
164  조나라가 기울어지게 되는 이유
167  여불위의 죽음과 평가
171  공격 목표가 된 조나라
175  똑똑하기에 죽은 한비자
180  한비자에 대한 평가
183  6국 병합의 시작
188  조나라의 멸망
193  진왕을 암살하려는 연나라 태자 단

**실린 내용**

# 진 시황제의 등장

《자치통감》 294권 가운데, 〈진기(秦紀)〉는 권6부터 권8까지 모두 3권이며, 이 책은 《자치통감》 권6, 〈진기(秦紀)〉의 첫 번째이다. 즉 이 부분부터 진 왕조의 역사라는 말이다. 이 책은 진 소양왕 52년(기원전 255년)부터 진 시황 19년(기원전 228년)까지 모두 28년간의 역사를 기록하였다.

무려 56년이나 왕위에 있었던 소양왕이 죽고, 그 뒤를 이어서 효문왕과 장양왕이 왕위에 올랐으나, 효문왕은 즉위 3일 만에 죽고, 장양왕도 3년 만에 죽었으며, 그 뒤를 이은 진 시황제로 잘 알려진 영정이 13세의 나이로 등극하여 19년간 왕위에 있는 동안의 역사인 것이다.

그러나 정작 이 책의 시작은 순자라고 알려진 순경과 조왕, 그리고 초나라의 장군인 임무군이 군사에 관해 토론한 내용을 싣고 있다. 이것은 사마광이 순자의 군사론을 가지고 다음에 진행되는 각국의 정책을 비교하라는 의도를 갖고 있지 않았을까 하는 생각이 들게 한다. 그리고 이른바 전국시대 말에 천하에 이름을 날린 4공자들의 실패도 다루고 있다. 조·위·제·초 출신으로 한 때 세상을 쥐고 흔들었던 이들이 실패하게 된 이유가 무엇인지를 생각해 보게 하였다.

　진나라는 4공자와 같이 이름을 날린 사람은 없었지만 하나씩 패권을 쥐어 가는 수순을 밟고 있었다. 소양왕은 범수를 승상으로 채용하여 외척을 물리치고 왕권의 확보를 하는 데 어느 정도 성공하였다. 또 여불위의 술수에 의하여 13살의 영정이 진왕으로 등장한 이후에는 실제로 권력을 행사한 사람은 여불위였다. 진 시황제의 생부(生父)였던 그는 진나라가 패권을 장악하는데 일정한 공헌을 한다.

　진왕 영정이 성년이 되고 나자 여불위는 실각하였지만, 본격적으로 진왕 영정 스스로가 정치의 일선에 나서면서 법가 이사를 등용하고 강력한 무력을 이용하여 주변 왕국들을 정복해 나간다. 이른바 전국7웅 가운데, 제일 먼저 한과 위를 멸망시키고 그 지역에 군을 설치한다. 중원지역에서 완충국 역할을 하였던 한·위가 멸망한 것은 다른 나라들이 직접 진과 맞대결을 해야 하는 시기에 접어 든 것을 의미한다.

　이렇게 된 데에는 진(秦)의 정책이 좋았다고 말할 수 있지만 반대로 다른 나라들이 제대로 대처하지 못했기 때문이기도 하다. 특히 진을 약화시키려고 토목기술자 정국을 보낸 한, 조나라의 기둥 염파를 쫓아 낸 조, 바보같이 진왕을 암살하려 한 연나라의 태자의 이야기는 진의 통일을 도와줬다고 할 수 있다.

[일러두기]

1. 《자치통감》 기사 앞에 붙은 숫자는 대만 세계서국의 《신교자치통감》을 따랐다.
2. 원문에서 《자치통감》은 본문에, 《자치통감강목》과 《통감절요》는 각주에 달아 표시하였다.
3. 《자치통감강목》은 【강목】으로 표시하고 다시 (강)과 (목)으로 구분하였다. 《통감절요》는 【절요】라고 표시하였다.

# 범수에게 다가온 위기

## 원문번역

소양왕(昭襄王) 52년(丙午, 기원전 255년)

1 하동군(河東郡, 산서성 서남부 지역) 태수 왕계(王稽)가 제후들과 내통한 것에 연루되어 기시(棄市, 죽여서 시장에 버림)되었다. 응후(應侯 = 范雎)는 날로 기쁘지 않았다. 왕이 조회에 임석하여 탄식하니 응후가 그 연고를 말해달라고 청하여 물었다.

왕이 말하였다.

"이제 무안군이 죽었고, 정안평(鄭安平)과 왕계도 모두 배반하여 안으로는 좋은 장수가 없고, 밖으로는 적국을 많이 갖게 되었으니, 나는 이리하여서 걱정하고 있소."

응후는 두려워서 내놓을 바를 알지 못했다.

## 원문

昭襄王 五十二年(丙午, 前二五五)

1 河東守王稽坐與諸侯通 棄市. 應侯日以不懌. 王臨朝而歎 應侯請其

**진(秦)의 낙양 공격로(기원전 256년)**

■ 도읍(국명)
① 낙양(周) ② 신정(韓)

故. 王曰: "今武安君死 而鄭安平·王稽等皆畔 內無良將而外多敵國 吾是以憂!" 應侯懼 不知所出.

【강목|절요】*

### 평설

진나라는 원래 주나라 질서에서 본다면 제후국이다. 그러나 전국시대를 거치면서 주의 마지막 왕인 난왕(赧王)이 지난해, 즉 기원전 256년에 진에 항복함으로써 공식적으로 주 왕조는 사라진다. 《자치통감》의 저자인 사마광은 새롭게 기년(紀年)의 기준을 정해야 했다.

사실 이 시기에 중원은 주대에 존재했던 많은 제후국들이 여전히 존재하는 전국시대의 연장처럼 보였다. 큰 나라만 보더라도 이른바 전국7웅이라는 진, 초, 연, 제, 한, 위, 조가 있었다. 주 왕실의 마지막 왕인 난왕이 진에 항복하고 또 그 해에 바로 죽었으니, 역사가가 역사를 쓰면서 이제 어느 왕조를 기준으로 역사를 써 나갈 것이냐가 문제였다.

---

* 【강목】資治通鑑綱目 卷二上 起丙午盡戊戌 西楚霸王四年 漢王四年 凡五十三年 (강) 丙午 (목) 秦昭襄王五十二 楚考烈王八 燕孝王三 魏安釐王二十二 趙孝成王十一 韓桓惠王十八 齊王建十年 (강) 秦丞相范雎免 (목) 秦河東守王稽坐與諸侯通棄市. 王臨朝而歎 應侯請其故. 曰: "武安君死 而鄭安平·王稽等皆畔 內無良將而外多敵國 吾是以憂!" 應侯懼 不知所出 【절요】東周君 東周 自考王封其子河南 是爲桓公 利續周公官職 桓公卒 子威公立 威公卒 子惠公立 惠公乃封其少子於鞏 以奉王 號東周惠公 ○ 南宮氏曰 周自武王至東周君滅而始亡 此實錄也 後有秉春秋之筆者 盍從而改諸 丙午 元年

이해를 각국별로 본다면 위(魏) 안희왕 22년, 노(魯) 경공 19년, 한(韓) 환혜왕 18년, 조(趙) 효성왕 11년, 초(楚) 고열왕 9년, 연(燕) 무성왕 17년, 제(齊) 전건 10년, 위(衛) 회군 28년이다.

사마광은 결과론으로 진(秦)이 후에 이들 6국을 통일했기 때문에 진의 기년을 역사를 쓰는 기준으로 삼기로 하였다. 이해는 소양왕 52년이기 때문에 사마광은 이해, 즉 소양왕 52년부터를 진기(秦紀)로 하고 역사를 기록하였다. 소양왕은 기원전 325년에 태어났으므로 이미 이때에 70세라는 고령이었으며, 이미 진의 왕위에 오른 지도 52년이나 지난 시점이었다.

그러나 《통감절요》를 쓴 강지(江贄)는 아직 주 왕조의 끄트머리가 남아 있으므로 사마광의 《자치통감》처럼 〈진기(秦紀)〉로 쓸 수 없다고 생각한다. 왜냐하면 아직 주 왕실의 혈통이 비록 왕위에 있지는 않지만 동주군(東周君)으로 있기 때문이었다.

그리고 별안간에 등장하는 동주군에 관하여 '동주(東周)는 고왕(考王)이 스스로 그 아들을 하남(河南)에 책봉하였는데, 이 사람이 환공(桓公)이며, 주공(周公)의 관직(官職)을 이었다. 환공이 죽자 아들 위공(威公)이 섰으며, 위공이 죽자 아들 혜공(惠公)이 섰다. 혜공이 마침내 그 어린 아들을 공(鞏)에 책봉하여 왕을 받들게 하였는데, 동주혜공으로 호칭하였.'라는 설명을 붙인다.

《통감절요》는 《소미통감절요(少微通鑑節要)》라고 하여 강지의 호인 소미를 앞에 붙여 부르기도 한다. 강지는 북송 말 사람이지만 정확한 생졸연대를 알 수 없다.

다만 지금까지 알려진 자료에 따르면 강지는 복건성의 숭안(崇安)사람으로 북송 말기 휘종 정화(政和) 연간(1111년~1117년)에 소미성이 나타나자 유일(遺逸)한 인사를 천거하도록 하였는데, 유사가 그에게 조서에 응하도록 하였으나 사양했기 때문에 소미선생이라는 호를 내려 주었다고 한다. 이로 보아 북송 말엽 사람으로 보이며, 사마광과 주희가 생존했던 중간 시기쯤에 살았던 사람이다.

이 시기는 북송이 요(遼)로부터 계속적인 압박을 받았던 시절이고, 신법당이 권력을 행사하던 시절이다. 그뿐만 아니라 숭안은 후에 주희가 태어난 곳과 아주 가까운 지역으로 복건지역의 분위기와 사상으로 보아 주희에게 영향을 주었을 가능성이 있다. 그래서 후에 강지의 제자가 《절요》를 가지고 주희에게 묻고 주희가 칭찬했다는 기록이 있는 것으로 보아 《절요》와 《강목》은 비슷한 부분이 많다고 할 수 있다.

《절요》에서는 별도로 후에 남송 이종(理宗) 단평(端平) 2년(1235년)에 진사에 오른 남궁정일(南宮靖一)의 말을 인용하여 강지의 이러한 견해에 찬동하고 있음을 부기하여 밝히고 있다. 남궁정일은 《편몽통감(便蒙通鑑)》이라는 책을 남겼는데, 그가 살던 시기는 중국 북방에서 금이 멸망하고 원이 등장하는 변혁기였고 주자학이 상당히 전파되었을 시기였다.

하지만 동주군을 기년의 기준으로 삼은 것은 《절요》뿐이다. 혈통중심으로 역사를 보려 했던 《강목》에서조차 동주군을 기년의 중심으로 삼지 않았던 점을 고려해 본다면 강지가 동주군을 내세워 원년과 2년으로 기년한 것은 무리한 혈통의 계승연결이었다고 할 수 있다.

한편 《강목》은 권2에서 시작하는데, 권2에서 서술하는 범위를 병오년에서 무술년, 즉 서초 패왕 4년, 한왕 4년까지 53년간의 역사라고 쓰고 있다.

병오년은 《자치통감》에서 말하는 소양왕 52년이다. 진을 기년으로 하지 않고, 병오라는 60갑자를 사용한 셈이다. 의도적으로 《자치통감》에서 기술한 진(秦)의 기년을 피한 것이다. 대신 할주(割註)로 '소양왕 52, 초 고열왕 8, 연효왕 3, 위 안이왕 22, 조 효성왕 11, 한 환혜왕 18, 제왕 건 10, 무릇 일곱 나라다.'라고 하여 7국을 병렬하였다.

이는 주희의 《강목》이 진(秦) 왕조를 정통으로 인정하지 않고 윤통(閏統)으로 보는 의도가 분명하게 드러난 것이다. 그러기 때문에 범수에 관한 기록도 범수 앞에 진(秦)이라는 말을 덧붙여 역사가 진 중심으로 진행되지 않고 있음을 표시하였다.

윤통이란 정상적인 왕조의 계승관계가 아니라 잘못된 것이 통서(統緖)에 끼어들었다는 의미이다. 따라서 이는 역사를 의미로 파악하려는 의도다. 사마광은 《자치통감》 권69에서 역사를 사실(史實)대로 파악한다는 사관을 분명히 하였지만 주희는 자기의 사관을 가지고 역사를 쓰고 있다. 따라서 엄격한 의미에서 주희의 《강목》은 주희가 해석한 역사이며, 사실기록을 목적으로 한 역사서가 아니라 역사비평서이기 때문에, 사고전서에서도 《강목》은 사부(史部) 안에 사평류(史評類)에 넣고 있다. 그러므로 이러한 사실을 알지 못한 채 《강목》을 읽는다는 것은 주희가 본 역사관을 따라 가는 것이 된다.

어쨌거나 진의 소양왕은 20세 이전에 왕위에 올라서 천자인 주왕의 항복까지 얻어냈으니 대단한 일을 한 셈이다. 그러나 자세히 들여다 보면 그가 왕이 되는 과정에는 그의 형 무왕이 죽고 난 후 당시의 영웅이던 조나라의 무령왕과 그의 외삼촌 위염의 합작이 있었다. 그렇기 때문에 왕위에 있었다고 하더라도 정치의 일선에 있지 못하였다.

그러던 그가 태후와 위염을 물리치고 직접 정치를 할 수 있었던 것은 위(魏)에서 망명 온 범수라는 사람의 계책을 따랐기 때문이다. 소양왕이 범수의 계책대로 종전의 외교정책인 근교원공 정책을 바꾸어 근공원교 정책을 펼침으로써 진은 그 영토를 넓혀나가기 시작할 수 있었다.

이것은 중요한 정책적 전환이다. 근교원공이란 실제로 영토 확장에 대한 의도가 없는 셈이었다. 싸워서 이기더라도 먼 곳에 있는 땅을 영역으로 편입시키는 것은 어렵기 때문이다. 그러나 근공원교란 이웃과 싸워서 승리하면 바로 승리한 지역의 영역을 소유할 수 있다.

이러한 외교정책의 전환은 진이 본격적으로 영토국가를 지향하기 시작한 것으로 볼 수 있고 그것은 응후 범수에게서 시작된 것이다. 그러므로 범수는 대단히 중요한 역할을 한 셈이다.

그러나 범수에게도 문제가 생겼다. 과거에 범수, 지금의 응후를 위나라에서 데리고 와서 진왕에게 추천한 사람인 왕계가 반역사건에 연루 되는 일이 생겼기 때문이다.

또한 범수가 재상으로 있으면서 소양왕에게 추천했던 정평안이 조에 투항하였다. 진의 법률에 의하면 추천받은 사람이 죄를 지으면, 추천한 사람도 같은 벌을 받도록 되어 있었다. 그래서 범수는 지금 비록 재상이 되었지만 이것을 매일 걱정할 수밖에 없었다.

# 물러날 때를 설파한 채택

**원문번역**

연객(燕客) 채택(蔡澤)은 이 소식을 듣고 서쪽으로 진에 들어가서 먼저 사람을 시켜 응후에게 선언하게 하였다.

"채택은 천하의 웅변가이니, 그 사람이 왕을 알현하게 되면 반드시 그대를 곤란하게 하고 그대의 지위를 빼앗을 것입니다."

응후가 화가 나서 사람을 시켜서 그를 불렀다. 채택이 응후를 만났는데, 그는 예는 표하였지만 또 거만하였다.

응후는 불쾌하였고, 이로 인하여 그를 나무랐다.

"그대가 나를 대신하여 재상이 되고 싶다고 선언하였다는데, 청컨대 그 이야기나 들어봅시다."

채택이 말하였다.

"어! 그대는 어찌하여 이를 보는 것이 그렇게 늦습니까? 무릇 사계절의 순서가 있듯이 성공한 사람은 떠납니다. 그대만 홀로 무릇 진의 상군·초의 오기(吳起)·월(越)의 대부종(大夫種)의 말로를 보지 못하였으니, 무엇을 더 원한다는 것입니까?"
응후가 속이며 말하였다.
"어찌하여 안 됩니까? 이 세 사람은 의를 지극히 하였으며, 충성을 다하였소. 군자란 자기 몸을 죽여서 이름을 남긴다면 죽어도 여한이 없는 것이오."
채택이 말하였다.
"무릇 사람이 공을 세우면서 어찌 모두 온전한 것을 기대하지 않겠습니까? 몸과 이름이 다 온전한 것이 가장 좋은 것이고, 이름은 본받을 만하지만 몸이 죽는 것은 그 다음이며, 이름으로 모욕을 받지만 몸이 온전한 것은 제일 못한 것입니다. 무릇 상군·오기·대부종이 다른 사람의 신하가 되어 충성을 다하고 공을 이룩하였으니 이러한 것은 바랄 수 있는 것입니다. 굉요(閎夭)·주공(周公) 같은 사람들은 또한 충성스럽고 성스럽지 아니하였습니까? 이 세 사람이 원했던 것과 굉요·주공의 것과는 어떻습니까?"
응후가 말하였다.
"좋은 말씀이오."
채택이 말하였다.
"그렇다면 그대의 주군이 옛날에 알던 사람에 대하여 돈독하고 후하며, 공신을 배신하지 않는 것에서 진의 효공·초의 도왕(悼王)·월의 구천과는 어떠합니까?"
말하였다.

"어떤지 모르겠소."

채택이 말하였다.

"그대의 공로는 앞서 든 세 사람과는 어떠합니까?"

말하였다.

"그만 못하오."

채택이 말하였다.

"그렇다면 그대 자신이 물러나지 않으면 환난은 세 사람보다 심할까 걱정입니다. 보통 '해가 중천에 이르러서부터는 옮겨지고, 달이 차면 줄어든다.'라고 말하지요. 나아가고, 물러나며 가득 차고 줄어드는 것은 때에 따라서 변화한다는 것이 성인의 도(道)입니다.

이제 그대의 원망함은 이미 원수를 갚았고, 그대에게 공덕을 세운 사람에게 이미 보답하였으니, 뜻하고 원하는 것에도 도달하였는데, 변화에 대한 계책이 없다면 가만히 그대를 위하여 이를 위험하다고 생각합니다."

응후가 드디어 그를 초빙하여 상객(上客)으로 삼고, 이어서 왕에게도 추천하였다.

왕이 불러서 그와 함께 이야기를 해보고 크게 기뻐하여 벼슬을 주어 객경(客卿)으로 삼았다. 응후는 이어서 병을 핑계로 사직하자 면직되었다. 왕은 새로이 채택의 계획을 기뻐하여 드디어 재상으로 삼았다. 채택은 재상이 되어 몇 달 만에 면직되었다.

## 원문

燕客蔡澤聞之 西入 秦 先使人宣言於應侯曰:"蔡澤 天下雄辨之士; 彼見王 必困君而奪君之位." 應侯怒 使人召之. 蔡澤見應侯 禮又倨. 應侯不快 因讓之曰:"子宣言欲代我相 請聞其說." 蔡澤曰: "吁 君何見之晚也! 夫四時之序 成功者去. 君獨不見 夫秦之商君·楚之吳起·越之大夫種·何足願與?" 應侯謬曰:"何爲不可! 此三子者 義之至也 忠之盡也. 君子有殺身以成名 死無所恨." 蔡澤曰: "夫人立功 豈不期於成全邪! 身名俱全者 上也; 名可法而身死者 次也; 名僇辱而身全者 下也. 夫商君·吳起·大夫種 其爲人臣盡忠致功 則可願矣. 閎夭·周公 豈不亦忠且聖乎! 三子之可願 孰與閎夭·周公哉?" 應侯曰:"善." 蔡澤曰:"然則君之主惇厚舊故 不倍功臣 孰與孝公·楚王·越王?" 曰:"未知何如." 蔡澤曰:"君之功能孰與三子?" 曰:"不若." 蔡澤曰:"然則君身不退 患恐甚於三子矣. 語曰:'日中則移 月滿則虧.'進退嬴縮 與時變化 聖人之道也. 今君之怨已讐而德已報 意欲至矣 而無變計 竊爲君危之!" 應侯遂延以爲上客 因薦於王. 王召與語 大悅 拜爲客卿. 應侯因謝病免. 王新悅蔡澤計畫 遂以爲相國. 澤爲相數月 免.

【강목|절요】*

---

*【강목】(목) 燕客蔡澤聞之 西入秦 先使人宣言於應侯曰:"蔡澤見王 必奪君位." 應侯召澤讓之 蔡澤曰:"吁君何見之晚也! 夫四時之序 成功者去. 商君·吳起·大夫種·何足願與?" 應侯謬曰:"何爲不可! 君子有殺身以成名 死無所恨." 澤曰:"身名俱全者 上也; 名可法而身死者 次也; 三子之可願 孰與閎夭·周公哉?" 語曰:'日中則移 月滿則虧.'進退嬴縮 與時變化 今君之怨已讐而德已報 意欲至矣而無變計 竊

**평설**

　이 부분은 진에 와서 소양왕을 설득하여 정치 지형을 바꾸었던 응후 범수가 물러나게 되는 장면이다. 당시는 여전히 천하가 혼란스러운 시대여서 어느 하나 안정적인 것이 없었던 시대였다. 그래서 연에서 온 세객 채택은 비록 진의 소양왕에게 친히 정치를 할 수 있도록 뒷받침 한 응후 범수라도 물러 갈 때가 되었음을 일러 준다.

　범수는 처음에는 물러날 것을 생각도 하지 못했지만 채택의 말을 듣고 나서 바로 알아듣는다. 여기서 가장 중요한 메시지는 때를 아는 것이다. 그래서 우리가 모두 아는 '달도 차면 기운다.'라는 사실을 깨달은 응후 범수는 바로 실천에 옮긴다. 아는 것을 실천에 옮긴다는 것은 어렵다. 그러나 실천하는 사람은 화를 받지 않고, 미련을 갖고 미적거리는 사람은 불행을 당한다.

　어떻게 때를 알 것인가? 채택은 응후 범수가 추천한 사람들이 무너지는 것을 보았다. 그리고 그 싹은 응후 범수와 연결되어 있었다. 그것을 밖에 있던 채택이 정확하게 본 것이고, 이를 빨리 알아차린 응후 범수는 좋은 끝을 맺는다. 《주역》에도 항룡유회(亢龍有悔)라고 했으니, 하늘 끝까지 올라간 용에게 남은 것은 후회뿐이라고 하지 않았는가?

---

爲君危之!" 應侯曰: "善." 遂薦澤於王. 因謝病免. 王悅蔡澤以爲相 數月免. 【절요】
내용없음

역사, 특히 《자치통감》을 읽으면서 자기가 처한 때를 보는 안목을 기르는 것은 중요한 목표이기도 하다. 채택이 응후 범수보다 뛰어나서 범수가 보지 못하는 것을 본 것은 아니다. 범수는 안에 있었고, 채택은 밖에 있었기 때문에 잘 본 것이다. 바둑의 수는 구경꾼이 더 잘 아는데, 그것은 이해관계를 떠나서 객관적인 위치에서 보기 때문이다. 그래서 자신을 이해관계의 밖에 두고 살펴보는 훈련이 필요하다. 그것이 바로 객관적인 역사서인 《자치통감》을 읽는 이유이다.

# 순자, 임무군과 군사론을 토론하다

**원문번역**

2 초의 춘신군(春信君)이 순경(荀卿, 순자)을 난릉현(蘭陵縣, 산동성 嶧縣)의 현령으로 삼았다. 순경이란 사람은 조(趙)나라 사람인데 이름은 황(況)이고, 일찍이 조의 효성왕(孝成王) 앞에서 임무군(臨武君, 병법대가)과 군사에 관하여 토론하였다.

왕[조의 효성왕]이 말하였다.

"청컨대 군사의 요체를 묻고 싶소."

임무군이 대답하였다.

"위로는 천시를 얻어야 하고 아래로는 지형의 이로움을 얻어야 하며 적의 변동을 살피고 그런 후에 움직이지만, 그들보다 먼저 이르러야 하니, 이것이 군사를 쓰는 요점이 되는 술책입니다."

순경이 말하였다.

"그렇지 않습니다. 신이 들은 옛날의 도리는 무릇 군사를 사용하여 공격하는 근본은 백성을 하나로 하는데 있다 하였습니다. 활과 화살이 고르지 못하면 예(羿, 활잘 쏘는 인물)라도 목표를 맞출 수가 없으며, 여섯 말이 불화하면 조보(造父, 말 잘 타는 인물)라도 멀리 달릴 수가 없으니, 병사와 백성이 친하게 붙어 있지 아니하면 탕(湯)·무왕(武王)도 반드시 승리할 수는 없습니다. 그러므로 백성을 잘 귀부시키는 사람이 바로 용병을 잘하는 사람입니다. 그러므로 군사의 요체는 백성을 귀부시키는 데 있을 뿐입니다."

### 원문

2 楚春申君以荀卿爲蘭陵令. 荀卿者 趙人 名況 嘗與臨武君論兵於趙孝成王之前. 王曰: "請問兵要." 臨武君對曰: "上得天時 下得地利 觀敵之變動 後之發 先之至 此用兵之要術也." 荀卿曰: "不然. 臣所聞古之道 凡用兵攻戰之本 在乎一民. 弓矢不調 則羿不能以中; 六馬不和 則造父不能以致遠 士民不親附 則湯武不能以必勝也. 故善附民者 是乃善用兵者也. 故兵要在乎附民而已."

【강목|절요】*

### 평설

이 부분은 초나라의 춘신군이 조나라 출신인 순자를 난릉령

---

*【강목】(강) 楚以荀況爲蘭陵令 (목) 荀卿 趙人 春申君以爲蘭陵令 荀卿嘗與臨武君論兵於趙孝成王前. 王曰: "請問兵要." 卿對曰: "要在附民而已." 【절요】 내용없음

으로 삼는 사건을 계기로, 순경을 등용한 이유를 설명하기 위하여 이 일이 있기 전에 조나라에서 있었던 일을 서술하고 있다.

일찍이 조나라에서는 조의 **효성왕**(孝成王, ?~기원전 245년) 앞에서 순자로 더 잘 알려진 순경과 임무군이 병법의 요체를 두고 토론을 벌인 일이 있었다. 일찍이란 구체적으로 어느 때인지는 알 수 없지만 초나라에서 순자를 난릉의 현령으로 삼은 진(秦) 소양왕(昭襄王) 52년(기원전 255년) 이전의 일일 것이다.

보통 《자치통감》에서는 현재 벌어진 일을 잘 이해하도록 '애초에'라는 말을 앞에 써서 이미 일어났던 일을 쓰는데, 이 경우에는 '일찍이'라는 말을 쓰고 있다.

임무군의 생졸연대는 알려지지 않았지만, 초(楚)의 고열왕(考烈王)이 봉군(封君)한 것으로 알려졌으므로 초나라 사람이다. 따라서 이 사람은 초나라에서는 군사의 측면에서 꽤 알려진 사람이다. 이때에 상당한 실권을 쥐고 있던 춘신군은 비록 진과의 전쟁에서 실패한 일이 있었지만 임무군을 장군으로 삼아 조나라를 위하여 대신 위나라를 막도록 한 일이 있다. 국제 관계를 따져서 조나라 편에 서서 위나라와 싸우게 한 것이었다. 초나라와 조나라 사이에 있는 위나라를 초와 조가 협력하여 대처하고 있는 상황이었다는 것을 알 수 있다.

그러므로 자연스럽게 조나라의 효성왕 앞에서 초나라에서 온 임무군과 조나라의 순경이 군사문제를 토론하게 되었다. 여러 번 질문과 대답을 하는 데, 첫 번째의 토론의 주제는 병법의 요체였다. 이에 관하여 임무군은 천시, 지리를 볼 줄 아는 것을 가장 중하게 생각하였는데, 이에 대하여 순경은 백성을 하나로 하는 정치력을 꼽고 있다. 임무군이 전쟁 기술을 말한 것이라면 순경은 전쟁 정치론을 편 것으로 볼 수 있다.

 전쟁을 총체적인 것으로 볼 것이냐? 기능적으로 볼 것이냐를 두고 순자와 임무군의 의견이 갈라진 셈이다. 이 토론은 《자치통감》에만 실려 있는 것이 아니고, 《전국책》과 《순자》에도 각기 실려 있다.

# 순자와 임무군의 시각 차이

**원문번역**

임무군이 말하였다.

"그렇지 않습니다. 군사에서 귀히 여기는 것은 형세의 이로움이고, 실행하는 것은 변화와 속이는 것입니다. 용병을 잘하는 사람은 황홀하고 불분명하게 하여 좇아서 나가는 곳을 모르게 하는 것이니, 손무(孫武)·오기(吳起)는 이를 써서 천하에서 당할 사람이 없게 하였는데, 어찌 반드시 백성이 귀부하기를 기다려야 하겠습니까?"

순경이 말하였다.

"그렇지 않습니다. 신이 말하는 것은 사람을 어질게 대하는 군대와 왕도로 다스리는 사람의 뜻을 말하는 것입니다. 그대가 귀하게 여기는 것은 권모술수와 형세의 이로움입니다.

사람을 어질게 대하는 군대는 속일 수 없습니다. 저들 속일 수 있는 사람이란 태만한 사람들이며, 어깨를 내놓은 사람들이어서 군주와 신하, 윗사람과 아랫사람 사이에 혼란이 있어서 덕에서 떠난 사람들입니다. 그러므로 걸(桀, 하의 폭군) 같은 사람으로써 걸 같은 사람을 속이는 경우라면 오히려 재주가 있느냐 없느냐를 가지고 승패가 결정되겠지요.

**원문**

臨武君曰:"不然. 兵之所貴者勢利也 所行者變詐也. 善用兵者感忽悠闇 莫知所從出; 孫·吳用之 無敵於天下 豈必待附民哉!" 荀卿曰:"不然. 臣之所道 仁人之兵 王者之志也. 君之所貴 權謀勢利也. 仁人之兵 不可詐也. 彼可詐者 怠慢者也 露袒者也 君臣上下之間滑然有離德者也. 故以桀詐桀 猶巧拙有幸焉.

【강목|절요】*

**평설**

순경이 병법의 요체가 백성과 군주가 하나가 되는 데 있다고 말한 것에 대하여 임무군이 반론을 제시한다. 전투라는 긴박한 상황에서는 군사의 형세에 따라서 적절하게 변화를 주는 것이며 이러한 형세로 전장에서 승리로 이끄는 것인데, 언제 백성을 생각하느냐는 것이 요지였다. 자기의 논리가 정당하다는 증거로 손무(孫武)나 오기(吳起) 같은 장군을 예로 들었다.

이에 대하여 순자는 군주와 백성의 관계가 비슷할 경우에 한

---

* 【강목】 내용없음 【절요】 내용없음

하여서는 그럴 수도 있다고 일단 긍정한다. 그러나 그 방법이란 속이는 것을 전제로 한 병법이기 때문에 오래 갈 수 없다고 말한다. 즉 백성을 속이는 군주가 있는 나라와 백성을 속이지 않는 군주가 다스리는 나라와는 근본적으로 싸움이 되지 않는다는 것이다.

전국시대 이후에 이른바 병법이 발달하는데, 그 중심 사상은 속이는 것이었다. 적을 잘 속이는 사람이 승리한다는 기본적인 사고를 담고 있었다. 그러나 순경은 이에 반대하면서 인의 정치를 하여 군민이 일치단결한다면 그것이 가장 강한 나라이며 가장 훌륭한 병법이라고 주장했다.

이처럼 초나라의 임무군도 상당한 병법의 대가였음에도 《강목》에서는 이를 모두 삭제해 버려서 마치 순자와 효성왕 두 사람이 병법을 말하고 있는 것 같이 하였으며, 《절요》는 그나마도 모두 삭제해 버렸다. 그만큼 병법의 중요성을 이해하지 못한 것으로 볼 수 있는 대목이다.

# 군사를 정치적 시각으로 본 순자

**원문번역**

걸(桀) 같은 사람이 요(堯) 같은 사람을 속인다면 이를 비유컨 대 달걀을 바위에 던지는 것이고, 손가락으로 끓는 물을 휘젓는 것이고, 마치 물이나 불 속으로 들어가는 것과 같으니 들어가자마자 바로 타버리거나 빠져버릴 뿐입니다.

그러므로 사람을 어질게 대하는 군사는 위아래가 한 마음이 되고, 3군(軍, 전군)이 같이 힘을 쓰고 신하가 임금에 대하여서, 그리고 아랫사람이 윗사람에 대하여서 마치 아들이 아버지를 섬기는 것 같이 하고, 동생이 형을 섬기는 것 같이 하여 손과 팔이 머리와 눈을 막고 가슴과 배를 덮어주는 것과 같습니다. 속여서 이를 습격한다는 것은 먼저 놀라게 하고 뒤에 이를 공격하는 것과 한가지입니다. 또 어진 사람이 10리의 나라를 사용한다면 장차 백리나 되는 곳에서 일어나는 일을 듣게 되고, 백리의 나라를 사용한다면 장차 천리 안에서 일어나는 일을 들으며, 천리의 나라를 사용한다면 사해의 이야기를 들으니,

반드시 장차 눈과 귀가 밝아서 경계하게 되고, 평화로 귀부하여서 하나가 됩니다.

그러므로 사람을 어질게 대하는 군사는 모이면 군졸이 되고 흩어지면 열(列)을 이루고, 연장하면 막야(莫邪, 오의 보검)와 같은 긴 칼이 되어 이것이 둘러치기만 하면 잘라지니 날카롭기는 마치 막야의 예리한 끝과 같아서 이것에 맞서면 무너지게 되고, 둥글게 모여 있으면 사방이 그쳐서 마치 단단한 바위와 같으니, 이에 부딪친 것이면 뿔도 부러져서 물러갈 뿐입니다. 또 무릇 폭력을 휘두르는 나라의 군주에게는 그 누가 그와 함께 하려고 오겠습니까?

저들이 함께 하려고 오는 사람은 반드시 그 백성일 것입니다. 그 백성들이 나를 가깝게 생각하고 좋아하기를 부모처럼 하고, 그가 나를 좋아하는 것이 마치 초란(椒蘭)의 향기를 좋아하는 것 같이 할 것이지만, 저들은 돌아서서 그들의 윗사람을 보고 마치 얼굴을 지진 경형(黥刑, 묵형)을 받은 사람 같이 하고 원수처럼 할 것인데, 사람의 정이란 것은 비록 걸(桀)이나 척(跖, 대표적인 도적)이라도 어찌 그 싫어하는 것을 긍정하며 그가 좋아하는 것을 대적하겠습니까?

이는 마치 다른 사람의 자손을 시켜서 그들의 부모를 대적하라고 하는 것과 같습니다. 저들은 반드시 와서 그 사정을 이야기 할 것인데 무릇 또한 어찌 속일 수 있겠습니까?

그러므로 어진 사람이 등용되고 나라는 날로 밝아지며, 제후들도 먼저 순복하는 사람은 편안하고, 뒤에 귀순한 사람은 위태롭게 되며, 그를 대적하는 사람은 땅이 깎이고 그에 반대하는 자는 망하게 됩니다. 《시경(詩經)》에서 말하였습니다. '무왕이 깃발을 싣고 부월(斧鉞)을 굳게 잡으니, 마치 불이 훨훨 타는 것 같아서 나를 감히 막을 자 없다.'라고 하였는데 이것을 말하는 것입니다."

**원문**

以桀詐堯 譬之以卵投石 以指撓沸 若赴水火 入焉焦沒耳. 故仁人之兵 上下一心 三軍同力; 臣之於君也 下之於上也 若子之事父 弟之事兄 若手臂之扞頭目而覆胸腹也. 詐而襲之 與先驚而後擊之 一也. 且仁人用十里之國 則將有百里之聽 用百里之國 則將有千里之聽 用千里之國 則將有四海之聽 必將聰明警戒 和傅而一. 故仁人之兵 聚則成卒 散則成列 延則若莫邪之長刃 嬰之者斷; 兌則若莫邪之利鋒 當之者潰; 圜居而方止 則若盤石然 觸之者角摧而退耳. 且夫暴國之君 將誰與至哉? 彼其所與至者 必其民也. 其民之親我歡若父母 其好我芬若椒蘭; 彼反顧其上則若灼黥 若仇讎; 人之情 雖桀·跖 豈有肯爲其所惡 賊其所好者哉! 是猶使人之子孫自賊其父母也. 彼必將來告 夫又何可詐也! 故仁人用國日明 諸侯先順者安 後順者危 敵之者削 反之者亡. 詩曰: '武王載發 有虔秉鉞 如火烈烈 則莫我敢遏.' 此之謂也."

【강목|절요】*

**평설**

이 부분도 앞의 말에 이어진 임무군의 말에 대한 순경의 말이다. 사실 효성왕의 질문에 대한 순경의 이 대답의 원문은 《순자(荀子)》 권10 〈부국(富國)편〉에 실린 내용이다. 이를 사마광이 《자치통감》에 그 대강을 실은 것이다.

임무군과 순자의 토론을 보면 기준이 다르다. 임무군은 전술적 측면에서의 대답이라 할 수 있고, 순자의 대답은 정치적 측면에서의 대답이다.

효성왕이 정치적 측면에서의 대답을 원한 것인지 전장에서 사용할 전술적 측면의 대답을 듣고자 한 것인지는 분명하지 않다. 그래서 두 사람의 논리를 한 기준으로 평가하기는 어려울 것으로 보인다.

다만 효성왕이 군사의 요체에 대해 질문했는데, 군사의 요체를 단순히 싸우는 기능으로서의 군사라면 임무군의 대답이 옳을 것이고, 군사를 정치의 일부분이며 정치의 도구라고 본다면 순자의 정치적 논리가 옳을 것이다.

---

* 【강목】(목) 夫仁人之兵 上下一心 三軍同力; 臣之於君也 下之於上也 若子之事父兄 若手臂之扞頭目而覆胸腹也. 故兵要在乎附民而已. 【절요】 내용없음

# 강군을 만드는 방법

**원문번역**

효성왕과 임무군이 말하였다.
"훌륭하오. 청컨대 왕 노릇할 사람의 군사에 대하여 묻겠는데, 어떤 방법을 두어야 하며 어떻게 시행하면 좋겠소?"
순경이 말하였다.
"무릇 군왕이 현명한 사람이면 그 나라는 잘 다스려지고, 군왕이 능력이 없는 사람이면 그 나라는 혼란해지고, 예를 융성하게 하고 의를 귀하게 생각하는 사람이면 그 나라가 잘 다스려지고, 예를 소홀히 하고 의를 천하게 생각하는 사람이면 그 나라는 혼란해집니다.
잘 다스려지는 것은 강하고, 혼란스러운 것은 약하니 이것이 강하고 약하게 되는 근본입니다. 윗사람이 우러러볼 만하면 아랫사람은 쓸 수 있으며, 윗사람이 우러러 보기에 부족하면 아랫사람은 쓸 수 없게 됩니다. 아랫사람이 쓰일 수 있으면 강하게 되고, 아랫사람을 쓸 수 없게 되면 약해지니 이것이 강하게 되고 약하게 되는 보통의 이치입니다.

제인(齊人)들은 기교로 공격하는 것을 중히 여기고 있는데, 그 기교란 머리 하나를 얻은 사람이면 치금(錙金, 8량의 금)을 하사하여 이를 사지만 본상(本賞, 총 결과에 대한 상)은 없습니다. 이는 일이 적고 적이 취약하다면 구차하게 쓸 수는 있으나, 일이 크고 적이 굳으면 흩어지고 이산될 뿐이니, 이는 마치 나는 새가 그러한 것처럼 옆으로 기울어져서 반복하기를 해 가는 줄 모르는 것 같아서, 이는 망해 가는 나라의 군사이고, 군대 가운데 이보다 더 약한 것은 없을 것이니 이는 시장에서 임금을 주고 인부를 사서 싸우게 하는 기미입니다.

위씨(魏氏, 위 나라)의 무졸(武卒)은 헤아려서 뽑으니, 삼속(三屬)의 갑옷을 입고 12석(石)의 노(弩, 강한 활)를 잡고 50개의 화살을 짊어지고, 그 위에 창[戈]을 놓고 머리에 투구를 쓰고 허리에 칼을 차고 배에는 3일치의 식량을 갖고 하루에 100리를 가게 하는데 그 시험에 합격하면 그 집의 요역을 면제해주고 좋은 곳에 그의 전택을 편리하게 해줍니다.

이는 그 기력이 몇 년 지나서 쇠퇴하게 되어도 면제된 요역과 편리한 전택을 빼앗을 수 없어서, 다시 만들려고 하지만 쉽지 않으니, 이러한 연고로 땅은 비록 넓으나 그 세금은 반드시 적으니 이는 나라를 위태롭게 하는 군대입니다.

진인(秦人)은 그 백성들을 좁고 험한 곳에서 살게 하며, 백성을 혹독하게 시키고, 세력을 가지고 겁탈하며, 험준한 곳에 은거하게 하고, 경사스럽게 상을 주어 이를 가깝게 하고, 형벌을 주어 이를 깎아버려서 백성들로 하여금 위에서 이익을 받게 한 것은 싸우지 않으면 말미암을 길이 없게 하였습니다.

공을 세우는 것과 상 받는 것이 서로 늘어나게 하여 다섯 명의 갑사(甲士)의 머리를 자르면 다섯 집을 그에게 예속시키게 하였으니, 이는 많은 사람이 오랜 동안 지켜 온 강하게 되는 길이 되었습니다. 그러므로 4세(世, 진의 효공, 혜문왕, 도무왕, 소양왕) 동안 승리하였는데, 요행이나 운수로 된 것이 아닙니다.

그러므로 제의 기교로 치는 것이 위의 무졸을 맞을 수 없고, 위의 무졸은 진의 날카로운 군사를 맞설 수 없으며, 진의 날카로운 군사는 제 환공·진 문공의 절도 있게 통제된 것을 감당할 수 없으며, 환공·문공의 절도 있게 통제된 것은 탕(湯)·무왕(武王)의 인의를 당해 낼 수 없으니, 이와 만나는 사람이 있다면 마치 초오(焦熬, 그을리고 볶아서 취약해 진 것)한 물건을 돌에 던지는 것과 같습니다.

이들 몇 나라가 공통으로 하는 것은 모두 상을 구하고 이익을 취하는 군대이며 고용된 무리들의 밥벌이하는 길이었지 그곳에는 윗사람을 귀히 여기고 제도에서 편안하며 절도를 준수하는 이치를 갖고 있지 않습니다.

제후들 가운데 절도를 가지고 이를 자세하고 묘하게 할 수 있는 사람이 있다고 한다고 해도 이를 위태하게 한 것을 아우를 뿐입니다. 그러므로 불러 모으고 선발하는 것은 형세를 융성하게 하여 속이는 것이고, 공로와 이익을 최고로 삼는 것이니, 이것이 점차로 스며들게 하고 있습니다.

예의와 교화는 이러한 것을 가지런히 하는 것입니다. 그러므로 속이는 것으로 속이는 것을 만나게 하면 오히려 그 기교의 정교한 것과 무딘 것이 드러나게 되어 있지만 사술(詐術)이 정제된 것을 만나면 이를 비유하자면 작은칼로 태산을 파헤치는 것과 같습니다.

그러므로 탕·무왕이 걸·주를 주살하는데 손을 모으고 읍을 하면서 조용히 지휘하였지만 그러나 강포한 나라라도 좇아서 부리지 아니한 것이 없었고, 걸·주를 주살하는 것도 마치 독부(獨夫, 혼자뿐인 지아비, 걸주)를 주살하는 것 같이 하였습니다. 그러므로 〈태서편(泰誓篇, 위상서고문)〉에서 말하기를 '독부 주(紂)'라고 하였으니, 이를 말하는 것입니다.

그러므로 군사가 크게 정돈되면 천하를 통제하게 되고 적게 정돈되면 이웃에 있는 적을 다스리게 됩니다. 만약에 무릇 불러 모집하고 가려 뽑으며, 형세를 융성하게 하여 속이며 공로와 이익을 최상으로 삼는 군사라면 승리하고 승리하지 못하는 것은 일정하지 않게 되며, 줄어들었다가 늘어났다가 하며, 남아있었다가 없어졌다가 하여 서로 자웅이 될 뿐입니다. 무릇 이러한 것을 가리켜서 도적질하는 군대라고 하는데, 군자는 여기에서부터 말미암지 않습니다."

## 원문

孝成王·臨武君曰: "善. 請問王者之兵 設何道 何行而可?" 荀卿曰: "凡君賢者其國治 君不能者其國亂 隆禮貴義者其國治 簡禮賤義者其國亂. 治者强 亂者弱 是强弱之本也. 上足卬則下可用也; 上不足卬則下不可用也. 下可用則强 下不可用則弱 是强弱之常也. 齊人隆技擊 其技也 得一首者則賜贖錙金 無本賞矣. 是事小敵毳 則偸可用也; 事大敵堅 則渙焉離耳; 若飛鳥然 傾側反覆無日 是亡國之兵也 兵莫弱是矣 是其去賃市傭而戰之幾矣. 魏氏之武卒 以度取之; 衣三屬之甲 操十二石之弩 負矢五十箇 置戈其上 冠胄帶劍 贏三日之糧 日中而趨百里 中試則復其戶 利其田宅. 是其氣力數年而衰 而復利未可奪也. 改造則不易周也 是故地雖大 其稅必寡 是危國之兵也. 秦人 其生民也陿阸 其使民也酷烈 劫之以勢 隱之以阨 忸之以慶賞 鰌之以刑罰 使民所以要利於上者 非鬪無由也. 使以功賞相長 五甲首而隸五家 是最爲衆强長久之道. 故四世有勝 非幸也 數也. 故齊之技擊不可以遇魏之武卒 魏之武卒不可以遇秦之銳士 秦之銳士不可以當桓·文之節制 桓·文之節制不可以當湯·武之仁義 有遇之者 若以焦熬投石焉. 兼是數國者 皆干賞蹈利之兵也 傭徒鬻賣之道也; 未有貴上安制綦節之理也. 諸侯有能微妙之以節 則作而兼殆之耳. 故招延募選 隆勢詐 上功利 是漸之也. 禮義敎化 是齊之也. 故以詐遇詐 猶有巧拙焉; 以詐遇齊 譬之猶以錐刀墮泰山也. 故湯·武之誅桀·紂也 拱挹指麾 而强暴之國莫不趨使 誅桀·紂若誅獨夫. 故泰誓曰: '獨夫紂' 此之謂也. 故兵大齊則制天下 小齊則治鄰敵. 若

夫招延募選 隆勢詐 上功利之兵 則勝不勝無常 代翕代張 代存代亡 相爲雌雄耳. 夫是謂之盜兵 君子不由也."

【강목|절요】*

## 평설

군사의 요체에 관한 질문과 토론에서 순경의 논리, 즉 정치적 측면에서의 대답이 전술적 의미의 대답을 이긴 것으로 보인다. 그렇기 때문에 효성왕과 임무군이 함께 왕도의 입장에서 군사문제를 어떻게 볼 것인가에 대한 질문을 하였고, 그에 대한 순경의 대답이다. 요즈음 말로 하면 군 통수권자가 어떻게 군사를 강하게 할 것인가를 묻는 것이었다.

이에 대한 순경의 대답은 간단했다. "정치를 잘 해라, 그러면 강한 군대를 만들 수 있다."라는 것이다. 그러면 정치를 잘 하려면 어떻게 해야 할 것인가? 그 대답도 분명하다. 그것은 예의

---

*【강목】(목) 齊人隆技擊 得一首者則賜贖錙金 無本賞矣. 是事小敵毳 則偸可用也; 事大敵堅 則渙焉離耳; 是亡國之兵也 其去賃市傭而戰之幾矣. 魏氏之武卒 以度取之; 衣三屬之甲 操十二石之弩 負矢五十箇 置戈其上 冠胄帶劍 贏三日之糧 日中而趨百里 中試則復其户 利其田宅. 氣力數年而衰 而復利未可奪也. 改造則不易周也. 故地雖大 其税必寡 是危國之兵也. 秦人 其生民也陿阨 其使民也酷烈 忸之以慶賞 鰌之以刑罰 使民所以要利於上者 非鬭無由也. 使以功賞相長 五甲首而隸五家 是最爲衆彊長久之道. 然皆干賞蹈利之兵 未有安制纂節之理也 故齊之技擊不可以遇魏之武卒 魏之武卒不可以遇秦之銳士 秦之銳士不可以當桓·文之節制 桓·文之節制不可以當湯·武之仁義 故招延募選 隆勢詐 尙功利 是漸之也 禮義敎化 是齊之也. 故兵大齊則制天下 小齊則治鄰敵. 若夫招延募選 隆勢詐 尙功利之兵 則勝不勝無常 相爲雌雄耳. 夫是謂之盜兵 君子不由也."【절요】내용없음

(禮義)였다. 예를 분명하게 하여 이를 지키고, 의(義)롭게 일을 처리하면 된다는 것이다. 이것은 그가 유가(儒家)이기 때문에 유가적 논리를 그대로 펼친 것이라고 할 수 있다.

그 다음에 순경은 자기의 논리가 옳다는 증거를 역사에서 끄집어내고 있다.

순경은 기교를 위주로 군사를 뽑은 제나라는 힘을 위주로 뽑은 위나라를 당할 수 없으며, 이는 다시 제의 기교로 치는 것이 위의 무졸을 맞을 수 없고, 제도적으로 뽑은 진의 군사를 당할 수 없다고 하였다. 그리고 제도로 뽑은 진의 군사도 제 환공·진 문공처럼 절도 있게 통제된 군대를 감당할 수 없으며, 환공·문공의 군사도 인의로 무장한 탕(湯)·무왕(武王)의 군사를 당해 낼 수 없다고 하였다.

이러한 그의 주장은 강한 군사력을 가지는 제왕은 인의로 정치를 하는 것이 가장 중요하다고 대답한 것이다.

# 순자의 육술(六術)·오권(五權)·삼지(三至)

**원문번역**

효성왕과 임무군이 말하였다.

"훌륭하오. 청컨대 장수로 삼는 것에 대하여 묻게 해주십시오."

순경이 말하였다.

"지략에는 의심을 버리게 하는 것보다 큰 것이 없고, 실행에는 허물을 없게 하는 것보다 큰 것이 없으며, 일에는 후회함을 없게 하는 것보다 큰 것이 없으니, 일을 한 것에 후회함이 없게 되면 그치는데, 반드시 승리해야 된다고 해서는 안 됩니다.

그러므로 호령(號令)·정령을 만들려면 명령은 위엄으로 엄하게 해야 하고, 경하하며 상을 주고, 형벌을 시행하는 데도 반드시 신의로써 하려고 해야 하며, 또한 숙사에 머물고 거두어 감추는 데는 굳은 것으로 사방을 두루 하도록 해야 하고, 이동하여 들어내고 나아가고 물러가는 데는 신중함으로 편안하게 하려 하며 빠르고 신속하도록 하며, 적을 엿보고 적의 변화를 관망하는 데는 잠복(潛伏)하여 깊이 들어가서, 참작해야 하며, 적을 만나서 싸움을 결판내는 데는 반드시 내가 익히 아는 곳에서 시행하고 내가 의심하는 곳에서는 실시함이 없어야 하니, 무릇 이것을 여섯 가지 술책이라고 말합니다.

거느리고 싶으나 없어지게 되는 것을 싫어함이 없어야 하고, 이긴 것에서 태만하고 실패한 것을 잊는 일이 없어야 되고, 안에서 위엄이 있으나 밖을 가볍게 생각하는 일이 없어야 되며, 그가 이로운 것을 보면서 그 해로운 것을 돌아보지 않는 일이 없어야 하니, 무릇 일을 염려하면서 완숙하기를 바라고 재물을 쓰면서 태연하도록 해야 하니, 무릇 이것을 다섯 가지의 권도(權道, 임시변통하는 길)라고 말합니다.

장군이 군주에게 명령을 받지 않을 이유가 셋이 있는데, 죽일 수는 있지만 불완전한 곳에 있게 할 수는 없고, 죽일 수는 있지만 공격하여 이기지 못하게 할 수는 없고, 죽일 수는 있지만 백성을 속이게는 할 수 없으니, 무릇 이것이 삼지(三至, 세 개의 진리)입니다.

무릇 군주에게 명령을 받고서 삼군(三軍, 전군)을 행군하게 하여 삼군이 이미 자리를 잡고, 백관(百官, 모든 관료)들이 질서정연하게 하며, 모든 사물이 모두 바르게 되게 하더라도 주군으로 인하여 기뻐할 수 없고, 적 때문에 노할 수 없어야 하는데, 무릇 이를 지신(至臣, 최고의 신하)이라고 부릅니다.

반드시 먼저 일할 것을 염려하고 이를 공경하면서 이를 펴나가며, 끝맺음을 신중하게 하기를 처음처럼 하고, 처음과 나중이 하나같다면 무릇 이것은 대길(大吉, 나쁜 것이 전혀 없는 상황)이라고 합니다.

무릇 백 가지의 일이 성공하는 것은 반드시 이를 공경하는데 있으며, 그것이 실패하는 것은 반드시 거만한데 있습니다. 그러므로 공경하는 것이 거만한 것을 이기면 길(吉)할 것이고, 거만한 것이 공경하는 것을 이기면 멸망하며, 계획을 한 것이 바라는 것보다 많으면 순리대로 좇을 것이고, 바라는 것이 계획한 것보다 많으면 흉(凶)할 것입니다. 싸우는 것은 지키는 것처럼 하고, 가는 것은 싸우는 것처럼 하며, 공로를 세우면 요행인 것처럼 해야 합니다.

꾀를 존경하되 공허함이 없어야 하고, 일을 존경하되 공허함이 없어야 하고, 관리를 존경하되 공허함이 없어야 하고, 무리를 존경하되 공허함이 없어야 하고, 적을 존경하되 공허함이 없어야 하니, 무릇 이 다섯 가지의 공허함을 없애는 것입니다.

이 여섯 가지 술책과 다섯 가지의 권도와 삼지를 신중하게 수행하여 공손하고 존경함과 공허함이 없는 것으로 처신하면, 무릇 이것이 천하의 장군이라고 하니, 천지신명에 통하게 됩니다."

## 원문

孝成王·臨武君曰: "善. 請問爲將." 荀卿曰: "知莫大於棄疑 行莫大於無過 事莫大於無悔; 事至無悔而止矣 不可必也. 故制號政令 欲嚴以威; 慶賞刑罰 欲必以信; 處舍收藏 欲周以固; 徙擧進退 欲安以重 欲疾以速; 窺敵觀變 欲潛以深 欲伍以參; 遇敵決戰 必行吾所明 無行吾所疑; 夫是之謂六術. 無欲將而惡廢 無怠勝而忘敗 無威內而輕外 無見其利而不顧其害 凡慮事欲熟而用財欲泰 夫是之謂五權. 將所以不受命於主有三: 可殺而不可使處不完 可殺而不可使擊不勝 可殺而不可使欺百姓 夫是之謂三至. 凡受命於主而行三軍 三軍旣定 百官得序 羣物皆正 則主不能喜 敵不能怒 夫是謂之至臣. 慮必先事而申之以敬 愼終如始 始終如一 夫是之謂大吉. 凡百事之成也 必在敬之 其敗也必在慢之. 故敬勝怠則吉 怠勝敬則滅; 計勝欲則從 欲勝計則凶. 戰如守 行如戰 有功如幸. 敬謀無壙 敬事無壙 敬吏無壙 敬衆無壙 敬敵無壙 夫是之謂五無壙. 愼行此六術·五權·三至 而處之以恭敬·無壙 夫是之謂天下之將則通於神明矣."

【강목|절요】*

---

* 【강목】 (목) 王曰: "善. 請問爲將." 卿曰: "號令欲嚴以威; 慶賞刑罰 欲必以信; 處舍 欲周以固; 徙擧進退 欲安以重 欲疾以速; 窺敵觀變 欲潛以深 欲伍以參; 遇敵決戰 必行吾所明 無行吾所疑; 夫是之謂六術. 無欲將而惡廢 無怠勝而忘敗 無威內而輕外 無見其利而不顧其害 凡慮事欲熟而用財欲泰 夫是之謂五權. 可殺而不可使處不完 可殺而不可使擊不勝 可殺而不可使欺百姓 夫是之謂三至. 凡百事之成也 必在敬之 其敗也必在慢之. 故敬勝怠則吉 怠勝敬則滅; 計勝欲則從 欲勝計則凶. 戰如守 行如戰 有功如幸. 愼行此六術·五權·三至 而處之以恭敬·無壙 夫是之謂天下之將." 【절요】 내용없음

**평설**

첫 번째 질문에서 순경에게 제압을 당한 임무군은 더 이상 자기의 주장을 하지 않고 도리어 효성왕과 같이 또 다른 궁금한 문제를 묻고 있다. 임무군은 순경에게 군사를 거느린 장수는 어떠해야 하는가를 물었다. 이에 대하여 순경은 장수는 6가지 술책과 5가지 권도, 그리고 3가지 지극함을 가질 수 있어야 한다고 설파하였다.

①위엄 있는 정령, ②믿을 만한 상벌, ③두루 견고함, ④신속한 진퇴, ⑤적의 변화를 관찰, ⑥분명하게 말하는 뜻이 6가지 술책이며, ①소수의 희생을 감내할 것, ②승패에 따라 변하지 말 것, ③안팎을 다 중시할 것, ④이해를 고루 볼 것, ⑤완숙한 업무와 태연한 재물의 소비를 5가지의 권도라고 하여 상황이 닥쳤을 때에 대처하는 방법을 제시하였다.

그리고 다시 지극히 해야 할 3가지를 지적하였다. 그것은 장군으로서 군주의 명령을 받지 않을 수 있는 경우인데, 이는 ①군대를 불완전한 곳에 두게 하는 경우, ②공격하여 승리하지 못하게 하는 경우, ③백성을 속이게 하는 경우라고 하였다.

즉 장군으로서 군사를 지휘하는 데는 6가지의 술책으로 하고, 상황에 따라서 5가지의 조치를 할 수 있어야 하며, 또 3가지 경우에는 주군의 명령도 받지 않을 수 있어야 한다는 것이다. 이러한 장군은 주군된 사람의 칭찬을 받았다고 해서 기뻐하지 않아야 되고, 적의 태도 여하에 따라서 화를 내서도 안 된다고 하였다. 즉 아주 냉정한 자세를 유지하지 않으면 안 된다는 말이다.

 전체적으로는 거만하지 말고, 공경하는 태도를 유지할 것, 하려고 하는 것보다 계획을 많이 할 것, 항상 준비하는 태도를 가지고 자기의 우수성을 내세우지 말 것을 요구하였다. 그리고 공허한 생각이나 행동을 해서는 안 될 것도 강조하였으며, 이렇게 되면 신명과 통하게 된다고 결론을 맺는다. 이것 역시 유가적 수양이 중요하다는 것을 말한 것이다.

 이것은 순경이 군사에 관하여 설파한 것이기는 하지만 이 세상 살아가는 것을 전쟁이라고 생각한다면 어쩌면 우리 모두에게 필요한 조언으로 받아들일 수 있을 것이다.

 이에 비하여 《절요》에서는 이 내용을 통째로 싣지 아니하였고, 《강목》에서는 간략하게 축소하여 절반 정도의 분량만을 싣고 있어서 그 내용이 자연스럽게 읽히지 않는다.

# 순자가 주장한 군사제도

**원문번역**

임무군이 말하였다.

"훌륭합니다. 청컨대 제왕 된 사람의 군사제도를 묻고자 합니다."

순경이 말하였다.

"장군은 전고를 울리다가 죽게 하고, 말 모는 사람은 고삐를 잡고 죽게 하고, 백리(百吏)는 자기 직책을 지키다 죽게 하고, 상대부(上大夫, 사대부)는 군사행렬에서 죽도록 해야 합니다.

북소리를 들으면 나아가고 꽹과리 소리를 들으면 물러납니다. 명령에 따르는 것이 제일이고, 공을 세우는 것은 그 다음입니다. 나아가지 말라고 명령하였는데 나아가는 것은 물러서지 말라고 명령하였는데, 물러난 것과 같아서 그 죄는 오직 똑같습니다.

노약자를 죽이지 않고, 벼와 곡식이 있는 데서 수렵하지 않으며, 복종한 사람은 잡지 않고, 격투하는 사람은 사면하지 않으며, 도망 나와서 귀부한 사람은 포로로 잡지 않습니다.
무릇 주살을 한다고 하여도 그 백성들을 주살하는 것이 아니고 그 백성을 어지럽힌 사람들을 주살합니다. 백성들 가운데 그들의 도적에게 사납게 하는 사람이 있다면 이들 또한 도적입니다. 칼날에 따르는 사람은 살고, 칼날에 맞서는 사람은 죽을 것이며, 도망 나와서 귀부한 사람은 공(貢, 상납)합니다.
미자(微子) 개(開, 啓를 피휘한 것)가 송(宋)에 책봉되었고, 조촉룡(曹觸龍, 아부하지 못한 걸의 좌사)은 군대에서 참수되었고, 상(商)의 복종한 백성들은 이를 기르고 살리는 것은 주인(周人)과 다름이 없게 하였으니, 그러므로 가까운 곳에 있는 사람들은 이를 구가하고 즐거워하였으며, 먼 곳에 있는 사람들은 죽을힘을 다하여 달려왔고, 그윽하고 한가하며 후미지고 고루(固陋)한 나라를 없이 하니, 달려와서 부려 주어서 이를 편안하게 즐기고자 아니하는 사람이 없어서 사해 안에 사는 사람은 마치 한 집안 같이 되었고, 길이 통하여 도달하는 곳에는 복속하지 않는 곳이 없었으니, 무릇 이러한 것을 '인사(人師)'라고 말하였습니다. 《시경(詩經)》에서 말하기를 '서쪽에서 동쪽에서, 남쪽에서 북쪽에서 복종하지 않으려고 생각하는 사람은 없었다.'고 한 것은 이것을 말하는 것입니다.
제왕 된 사람은 주살을 할지언정 전쟁을 없애고, 성이 지켜지면 공격하지 않으며, 군사는 겨루기는 하되 치지 않고, 적(敵)의 위아래 사람들이 모두 서로 기뻐하는 일이라면 이를 경하

해주고, 성을 도륙하지 않고 군대를 숨기지도 않으며, 많은 무리를 머물게 하지 않고, 군사작전도 시절[농사철]을 넘기지 않으니, 그러므로 어지러워진 사람들은 그 정치를 즐기고, 그 윗사람을 불안하게 생각하여 그들이 오고자합니다."

임무군은 말하였다.

"훌륭하오."

### 원문

臨武君曰: "善. 請問王者之軍制." 荀卿曰: "將死鼓 御死轡 百吏死職 士大夫死行列. 聞鼓聲而進 聞金聲而退. 順命爲上 有功次之. 令不進而進 猶令不退而退也 其罪惟均. 不殺老弱 不獵禾稼 服者不禽 格者不赦 奔命者不獲. 凡誅 非誅其百姓也 誅其亂百姓者也. 百姓有捍其賊 則是亦賊也. 以其順刃者生 傃刃者死 奔命者貢. 微子開封於宋 曹觸龍斷於軍 商之服民 所以養生之者無異周人 故近者歌謳而樂之 遠者竭蹶而趨之 無幽閒辟陋之國 莫不趨使而安樂之 四海之內若一家 通達之屬莫不從服 夫是之謂人師. 詩曰: '自西自東 自南自北 無思不服.' 此之謂也. 王者有誅而無戰 城守不攻 兵格不擊 敵上下相喜則慶之 不屠城 不潛軍 不留衆 師不越時 故亂者樂其政 不安其上 欲其至也." 臨武君曰: "善."

【강목|절요】*

---

* 【강목】(목) 臨武君曰: "善. 請問王者之軍制." 卿曰: "將死鼓 御死轡 百吏死職

**평설**

 이번에는 임무군이 단독으로 군사제도에 관하여 물었고, 순경이 이에 대답하였다. 순경이 군사제도에서 가장 중요하게 여기는 것은 엄격한 명령이었다. 군대는 명령에 따라 움직이도록 만들어야 하고, 비록 죽는다고 하더라도 명령이 떨어지면 그에 복종하도록 하는 것이 가장 중요하다고 하였다.

 그리고 제왕의 군대는 승리하는데 목표를 두는 것이지 전투를 하여 사람을 살상하는 데 있지 않음을 분명히 하고 있다. 대적하지 않는다면 적군이건 그 백성이건 죽이지 않으며, 폭력을 써야 할 곳은 백성을 해롭게 하는 사람이며, 이를 통하여 백성들이 복종하게 하며, 복종한다면 나의 백성처럼 대우해 주어야 한다고 하였다.

 명령에 복종하게 하여 강한 군대를 만들지만 이것을 폭력을 쓰기 위한 것이 아니라 폭력을 없애고 백성들을 해치는 사람이 없게 하려는 것이다. 이는 좋은 정치를 위한 수단으로서의 군사제도이지 군사제도 자체를 목표로 해서는 안 된다는 말이다.

 순경은 이러한 자기의 주장을 합리화하기 위하여 역사에서 사례를 인용하고 있다. 주 무왕이 은나라 정벌에서 취한 조치가

---

士大夫死行列. 聞鼓聲而進 金聲而退. 順命爲上 有功次之. 不殺老弱 不獵田稼 服者不禽 格者不赦 奔命者不獲. 凡誅 非誅其百姓也 誅其亂百姓者也. 百姓有捍其賊者是亦賊也. 故其順刃者生 傃刃者死 奔命者貢. 有誅而無戰 不屠城 不潛軍 不留衆師不越時 故亂者樂其政 不安其上 欲其至也." 臨武君曰: "善."【절요】내용없음

바로 은의 후예라도 주(周)의 제도 속에 수용한 경우이고, 그래서 천하가 모두 주의 질서 속에서 평화를 누리도록 했다는 것이다. 이러한 군사제도가 진정한 군사제도임을 설파하였다.

《강목》에서는 《자치통감》에 실린 상당한 부분을 싣고 있지만 《절요》에서는 이 내용 모두를 싣지 않고 있다. 이 점에서 본다면 《절요》는 역시 지나치게 생략한 나머지 앞뒤를 연결지어 이해하기 어렵게 하였다.

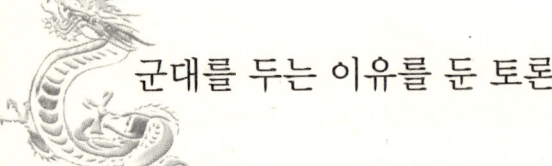

# 군대를 두는 이유를 둔 토론

**원문번역**

진효(陳囂)가 순경에게 물었다.

"선생님께서는 군사를 논의하면서 항상 인의를 근본으로 하였는데, 어진 사람은 사람을 사랑하고 의로운 사람은 이치를 좇는다고 하였으니, 그렇다면 군사로 무엇을 한단 말입니까? 무릇 군사를 가지고 있어서 하는 일이란 싸워서 빼앗기 위한 것입니다."

순경이 말하였다.

"네가 아는 바가 아니다. 저들 어진 사람은 다른 사람을 사랑하는데, 다른 사람을 사랑하니 그러므로 다른 사람이 그들을 해치는 것을 미워하는 것이다. 의로운 사람이 이치를 좇는다고 했는데, 이치를 좇으니 그러므로 다른 사람이 그들을 어지럽히는 것을 미워하는 것이다. 저 군사라는 것은 폭력을 금하고, 해로운 것을 없애기 위한 것이지 싸워서 빼앗으려는 것이 아니다."

## 원문

陳囂問荀卿曰: "先生議兵 常以仁義爲本 仁者愛人 義者循理 然則 又何以兵爲? 凡所爲有兵者 爲爭奪也." 荀卿曰: "非汝所知也 彼仁 者愛人 愛人故惡人之害之也; 義者循理 循理故惡人之亂之也. 彼 兵者 所以禁暴除害也 非爭奪也."

【강목|절요】*

## 평설

순경과 효성왕 그리고 임무군의 군사론에 관한 질문과 대답을 듣고 있던 진효가 묻고 순경이 대답한 내용이다. 진효는 순경의 제자로 알려졌지만 찾아보아도 특별한 업적이 나타나지 않는 것으로 보아 뛰어난 학생은 아닌 것 같다. 전국시대에서 진(秦)시대까지 활발하게 활동한 한비자(韓非子), 이사(李斯), 부구백(浮丘伯), 장창(張蒼) 같은 순경의 뛰어난 제자들에 비하여 진효는 드러난 행적이 없다. 《자치통감》에는 이곳에 딱 한 번 그 이름이 올라와 있을 뿐이다.

또한 진효가 스승 순경과 효성왕, 임무군의 토론 자리에 함께 있었는지 혹은 후에 이 내용을 전해 들었는지는 알 수 없지만, 진효는 스승 순경의 논리에 동의하지 않은 것 같다. 그는

---

* 【강목】(목) 陳囂問荀卿曰: "先生議兵 常以仁義爲本 然則又何以兵爲哉?" 卿曰: "仁 者愛人 故惡人之害之也; 義者循理 故惡人之亂之也. 故兵者 所以禁暴除害也 非爭 奪也." 【절요】 내용없음

순경의 군사론에서 유가적 덕목인 인의와 예(禮)를 강조하는 것을 보고 이해가 되지 않았는지 인의를 강조한다면 군사는 필요 없는 것이냐고 질문한다.

이에 대하여 순경은 인의하기 때문에 폭력을 제압할 군사가 필요하다며 제자를 타이른다. 개인으로써 인의만을 실천하는 것은 폭력 앞에 무력할 수 있다는 점을 놓치고 있다.

나의 인의와 남의 인의의 실천을 해치는 세력을 속수무책으로 대항하지 않으면 인의를 포기하는 것과 같기 때문에 무력은 폭력을 행사하려는 것이 아니라 폭력을 제어하기 위한 것이라고 대답하였다. 즉 무력을 갖는 이유를 분명히 하였다. 힘을 가지면 이를 약한 사람에게 사용해 보려는 마음이 생기는 소아병적인 국제정치판에 대한 교훈이었다.

사마광은 순자의 군사론을 여기까지 인용하였다. 이는 조나라 출신의 순자를 초의 춘신군이 초청하여 난릉령으로 삼은 이유를 설명하기 위함이다. 순자의 군사에 관한 해박한 견해를 산 것임을 알 수 있다. 그러나 《절요》에서는 순자를 초에서 난릉령으로 삼은 것조차 생략해 버렸으니, 이는 당시에 7국이 각축하면서 인재등용에 얼마나 힘을 기울였는지를 이해하지 못한 것이라고 할 수 있다.

## 패권을 장악해 가는 진(秦)

**원문번역**

3 연의 효왕(孝王, 7대)이 죽고, 아들 희희(姬喜)가 섰다.

4 주의 백성들이 동쪽으로 도망하였다. 진인(秦人)들은 그들의 보기(寶器)를 빼앗고, 서주공(西周公, 무공의 아들)을 탄호지취(憚狐之聚, 하남성 臨汝縣 서북으로 20km 지점)로 옮겨 살게 하였다.

5 초왕이 노(魯)를 거(莒, 산동성 莒縣)로 옮기고 그 땅을 빼앗았다.

소양왕 53년(丁未, 기원전 254년)

1 규(摎)가 위를 쳐서 오성(吳城, 산서성 安邑縣)을 빼앗았다. 한왕이 들어와 조현(朝見)하였으며, 위는 온 나라를 들어서 명령을 들었다.

소양왕 54년(戊申, 기원전 253년)

1 왕이 옹(雍, 섬서성 鳳翔縣)의 교외(郊外)에서 상제(上帝)를 알현하였다.

2 초가 거양(鉅陽)으로 옮겼다.

소양왕 55년(己酉, 기원전 252년)

1 위(衛)의 회군이 위(魏)에서 조현(朝見)하였는데, 위인(魏人)들이 그를 잡아서 죽이고, 그의 동생을 바꾸어 세우니 이 사람이 원군(元君)이다. 원군은 위왕(魏王)의 사위이다.

## 원문

3 燕孝王薨 子喜立.
4 周民東亡. 秦人取其寶器 遷西周公於憚狐之聚.
5 楚王遷魯於莒而取其地.

五十三年

1 摎伐魏 取吳城. 韓王入朝. 魏擧國聽令.

五十四年

1 王郊見上帝於雍.
2 楚遷於鉅陽.

五十五年

1 衛懷君朝於魏 魏人執而殺之; 更立其弟 是爲元君. 元君魏壻也.

【강목|절요】*

---

* 【강목】(강)周民東亡 秦取其寶器 遷西周公於憚狐之聚 ○楚人遷魯于莒而取其地. 丁未 (목) 秦五十三 楚九 燕王喜元 魏二十三 趙十二 韓十九 齊十一年 (강) 秦伐魏取吳城 ○韓王入朝於秦 ○魏擧國聽令於秦 (강) 戊申 (목) 秦五十四 楚十 燕二 魏二十四, 趙十三 韓二十 齊十二年 (강) 秦王郊見上帝於雍 (목) ○楚遷于鉅陽 (강) 己酉 (목) 秦五十五 楚十一 燕三 魏二十五 趙十四 韓二十一 齊十三年 (강) 魏人殺衛君而立其弟 (목) 弟魏壻也. 【절요】周民東亡. 秦人取其寶器 遷西周公於憚狐之聚. 秦丞相范雎免 丁未 二年 秦伐魏 取吳城. 韓王入朝於秦

**평설**

 기원전 255년부터 기원전 252년까지 4년간의 역사는 진이 가장 강력한 패권을 장악해 가는 시기였다. 우선 진이 주(周) 왕실의 보기(寶器)를 다 빼앗았고 그 백성들은 모두 동쪽으로 도망하였다. 그리고 명목상 남아 있는 주 왕실의 혈통인 서주공(西周公) 역시 그 근거지에서 탄호지취(憚狐之聚)라는 곳으로 귀양 보내어 그 전통을 잘라내었다.

 두 번째로는 위를 쳐서 성을 빼앗았다. 이러한 형세에 눌려서 위나라는 진나라의 명령을 듣겠다고 했고, 한왕은 진나라에 가서 조현하였다. 그뿐만 아니라 초나라도 그 도읍을 거양으로 옮겼다. 거양의 정확한 위치는 알 수 없지만, 초나라는 그 20여 년 전인 주 난왕 37년(기원전 278년)에 영(郢)에서 동북쪽의 진(陳)으로 도읍을 옮겼으며, 이 사건이 있은 후 진 시황 6년에 또다시 수춘(壽春)으로 도읍을 옮겼으므로 진의 세력에 밀려서 조금씩 조금씩 동쪽으로 도읍을 옮긴 것이다.

 이러한 상황과 맞물려 초나라는 약소국인 노나라를 더 동쪽에 있는 거(莒)로 밀어 냈다. 또 다른 약소국인 위(衛)나라 주군은 그 이웃에 있는 강대국인 위(魏)에 조현하였다가 잡혀 죽고, 위나라와 혼인 관계를 맺고 있는 그 동생으로 주군을 바꿔 세웠다. 힘에 의한 새로운 질서를 찾아 가는 모습이기도 하다.

 세 번째로 진은 천자가 없어진 천하에서 스스로 천자의 자리를 넘보는 작업을 진행한다. 바로 진의 소양왕이 교외에 가

**주나라의 멸망(기원전 256년) 후의 상황**

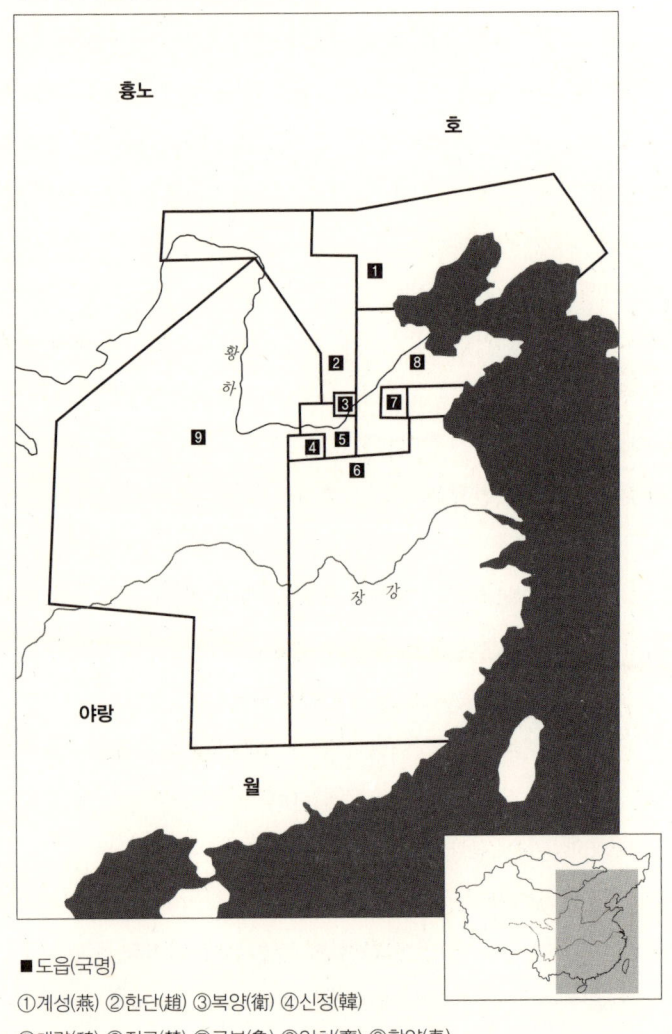

■ 도읍(국명)
① 계성(燕) ② 한단(趙) ③ 복양(衛) ④ 신정(韓)
⑤ 대량(魏) ⑥ 진구(楚) ⑦ 곡부(魯) ⑧ 임치(齊) ⑨ 함양(秦)

서 상제에게 제사를 지냈다. 진나라는 혜공시기에 옹에 도읍하고 여기에 5치(畤, 천지신명께 제사지내는 곳)를 두었는데, 이때에 와서 교외에서 상제를 알현한 것은 천자의 예를 행하려고 한 것이다. 스스로 상제(上帝)의 아들 즉 천자(天子)임을 밝히는 작업이었다. 그러므로 진은 이미 소양왕 55년(己酉, 기원전 252년)에 천자에 오른 것이나 마찬가지이다.

후대에도 황제에 즉위하는 의식을 교외에서 하였던 것을 본다면 아직 황제라는 용어가 없어서 황제에 올랐다는 선포를 하지는 않았지만 소양왕이 천자의 자리에 오른 것으로 보아야 한다. 이렇게 과거에 천자였던 주왕(周王)이 없는 상태에서 힘을 가진 진나라가 천자의 자리를 확보하여 천하의 중심이 되어 가고 있었다.

이러한 사실을 있는 그대로 담담하게 서술해 간 사마광에 대하여, 명목이라도 주왕의 혈통이 남아 있다고 하여 기년을 동주군 원년, 2년으로 한 《절요》나, 아직도 분열의 시대라고 여기고 60갑자로 연도를 계산하며 열국을 병열하며 역사를 기록한 《강목》은 역사사실을 기록하는 필법이기 보다는 혈통을 중시하는 주자학적 이념을 역사에 투영하고 있는 것이다.

또한 《절요》는 앞뒤 설명 없이 '진의 승상인 범수가 면직되었다.'라고만 기록하였으니, 독자는 범수가 면직되는 역사적인 상황을 이해할 수가 없게 되어 버렸다.

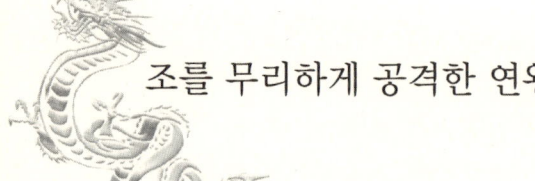
# 조를 무리하게 공격한 연왕

**원문번역**

소양왕 56년(庚戌, 기원전 251년)

1 가을에 왕이 죽고 효문왕(孝文王)이 섰다. 당팔자(唐八子)를 높여서 당태후(唐太后)로 하였고, 영자초(嬴子楚)를 태자로 삼았다. 조인(趙人)들이 영자초의 처자를 받들어서 돌려보냈다. 한왕(韓王)이 체질(衰絰)의 상복을 입고 들어와서 사당(祠堂)에 조문하였다.

2 연왕 희희가 율복(栗腹)으로 하여금 조에 가서 즐겁게 지내기로 약속하게 하자 500금(金)을 가지고 가서 조왕을 위하여 술을 마셨다. 돌아가서 연왕에게 말하였다.

"조의 장정들은 모두 장평(長平)에서 죽었고, 그 고아들은 아직 자라지 아니하였으므로 칠 수 있습니다."

왕[연왕]이 창국군(昌國君) 악한(樂閒, 樂毅의 아들)을 불러서 이를 물었더니, 대답하였다.

"조는 사방으로 싸우는 나라여서 그 백성들이 무기를 익혔으니 할 수 없습니다."

왕[연왕]이 말하였다.

"나는 5배를 가지고 그 하나를 치는 것이다."

대답하였다.

"할 수 없습니다."

왕(연왕)이 노하였다.

여러 신하들이 모두 할 수 있다고 생각하여, 마침내 2천 승(乘)을 내고, 율복이 거느리고 호(鄗, 하북성 柏鄕縣)를 공격하고, 경진(卿秦)이 대(代, 하북성 蔚縣)를 공격하였다.

장거(將渠)가 말하였다.

"다른 사람과 관문을 지나서 왕래하기로 약속하고, 또한 500금(金)을 주면서 다른 사람의 왕과 술을 마시고 사자(使者)가 보고하자 이를 공격하니 이는 상서롭지 못합니다. 군사는 반드시 공을 못 세울 것입니다."

왕[연왕]은 듣지 않고 스스로 일부의 군대를 거느리고 이를 따랐다.

장거가 왕의 인수(印綬)를 잡아당기니, 왕이 발로 그를 차버렸다. 장거가 울면서 말하였다.

"신이 스스로를 위해서 하는 것이 아니고, 왕을 위한 것입니다."

연의 군사가 송자(宋子, 하북성 趙縣)에 이르자, 조(趙)의 염파(廉頗)가 장수가 되어 그들을 맞아 공격하여 율복을 호에서 격파하고, 경진(卿秦)과 악승(樂乘)을 대에서 패퇴시키고, 북쪽으로 500여 리를 추격하여서 드디어 연(燕의 都邑은 薊; 북경시)을 포위하였다.

이리하여 연인(燕人)들이 화의를 청하자 조인(趙人)이 말하였다.

"반드시 장거로 하여금 화의에 대처하게 하시오."

연왕은 장거를 재상으로 삼아서 화의에 대처하게 하자, 조의 군사가 마침내 포위를 풀고 갔다.

3 조의 평원군(平原君)이 죽었다.

## 원문

五十六年

1 秋 王薨 孝文王立. 尊唐八子爲唐太后 以子楚爲太子. 趙人奉子楚妻子歸之. 韓王衰絰入弔祠.

2 燕王喜使栗腹約歡於趙 以五百金爲趙王酒. 反而言於燕王曰: '趙壯者皆死長平 其孤未壯 可伐也.' 王召昌國君樂閒問之 對曰: '趙四戰之國 其民習兵 不可.' 王曰: '吾以五而伐一.' 對曰: '不可.' 王怒. 羣臣皆以爲可 乃發二千乘 栗腹將而攻鄗 卿秦攻代. 將渠曰: '與人通關約交 以五百金飮人之王 使者報而攻之 不祥; 師必無功.' 王不聽 自將偏軍隨之. 將渠引王之綬 王以足蹴之. 將渠泣曰: '臣非自爲 爲王也!' 燕師至宋子 趙廉頗爲將 逆擊之 敗栗腹於鄗 敗卿秦·樂乘於代 追北五百餘里 遂圍燕. 燕人請和 趙人曰: '必令將渠處和.' 燕王使將渠爲相而處和 趙師乃解去.

3 趙平原君卒.

【강목|절요】*

**평설**

　소양왕이 즉위한 지 56년 만에 죽는다. 그가 재위하는 동안 주 왕실을 없애는 등 진은 국제적으로 패권(霸權)을 쥐게 되었다. 그리고 그 뒤를 이어서 효문왕이 등극하는데, 이 사람이 바로 진 시황제의 할아버지이다.

　소양왕이 너무 오래 왕위에 있어서 그런지 그의 아들인 효문왕은 겨우 1년만에 왕위에 있다가 죽었다. 하지만 조나라에 인질로 와 있던 이인은 여불위의 도움으로 진나라로 도망하여 귀국하여 정식으로 진의 태자가 되었고, 조나라에서는 아직도 조나라에 머물러 있던 이인의 처자를 진으로 돌려보냈다.

　조나라는 진으로부터 공격을 받았지만 진이 워낙 강력한 힘을 가지고 있는지라 진에 대하여 유화정책을 펼 수밖에 없었던 것으로 보인다. 이때 진에 이웃하는 한나라에서는 진나라에 상

---

* 【강목】(강) 庚戌 (목) 秦五十六 楚十二 燕四 魏二十六 趙十五 韓二十二 齊十四年 (강) 秋 秦王稷薨太子柱立 韓王衰絰入弔祠 ○燕伐趙趙敗之 (목) 燕王喜使栗腹約歡於趙 反而言曰: '趙壯者皆死長平 其孤未壯 可伐也.' 王使腹將而攻鄗 將渠曰: '與人通關約交 使者報而攻之 不祥; 師必無功.' 王不聽 自將偏軍隨之. 將渠引王之綬 王以足蹴之. 將渠泣曰: '臣非自爲 爲王也!' 王不聽 遂行 趙使廉頗擊之 敗兩軍逐北五百里 遂圍燕. 燕人請和 趙人曰: '必今將渠處和.' 燕王以將渠爲相而處和 (강) 趙師乃解. 趙公子勝卒. 【절요】庚戌 五年. 秋. 秦昭襄王薨, 子孝文王柱立. ○趙公子勝卒.

(喪)을 당하자 한왕이 최고의 상례로 문상을 했는데, 이것이 바로 당시 진의 국제적 위상을 말하는 것이다.

이렇게 진이 그 세력을 확대해 나가는 것은 바로 이웃하는 조나라에 위협이 되었다. 그래서 진과 직접 연결되어 있지 않은 연(燕)나라 왕은 이 기회에 진으로부터 공격을 받아서 약화되었을 것으로 추정되는 조를 공격하기로 마음먹는다.

그리하여 연왕은 율복을 시켜서 막대한 돈을 가지고 조나라와 잘 지내는 것처럼 하면서 형편을 염탐하게 한다. 조나라를 다녀 온 율복은 사방으로 공격을 받아서 많은 사람이 죽은 것을 보고 조나라를 공격할 수 있다고 보고 한다.

연왕은 이 보고에 힘입어서 명장 악의의 아들인 악한에게 의견을 물었지만 그는 조나라는 준비가 잘되어 있기 때문에 안 된다고 반대했다. 하지만 연왕은 연나라는 조의 군사력보다 5배나 많은 군사를 가지고 있다며 그들의 반대를 무릅쓰고 공격명령을 내렸다. 이때 장거도 이를 막았지만 듣지 않았다.

그러나 전투의 결과는 참담했고 도리어 연의 도읍이 조나라 염파에게 포위되었다. 연왕이 조나라에게 화의를 제안하자, 조나라에서는 장거를 대표로 하면 화의하겠다고 하여 연왕은 하는 수 없이 장거를 재상으로 삼아 조나라와 화의하게 했고, 그러자 조나라도 바로 포위를 풀었다.

결과적으로 조와 연이 다툼으로써 진이 동으로 진출하는 것이 유리해졌다. 또한 이것이 이어져서 진이 6국 통일을 이루는데 도움을 주었다. 이처럼 역사를 이해하는데 매우 중요한 사건임에도 불구하고 《절요》에서는 이 사건을 통째로 생략해 버렸다. 이렇게 눈 앞의 것만을 보고, 커다란 국제 정세를 읽지 못하여 결과적으로 진(秦)을 유리하게 한 연왕 희희(姬喜)는 그 후 30년간 왕 노릇을 더 하였지만 결과적으로 진에게 멸망된다.

이 부분에서 《절요》와 《강목》에서는 이해를 경술로 기록하여 진(秦) 기년을 부정하였다. 《강목》에서 진(秦)을 윤통으로 보았기 때문이다. 또한 이해에 그동안 조나라를 지탱하는데 많은 힘이 되었던 평원군이 죽은 것에 대해 《절요》와 《강목》에서는 다 같이 조나라의 공자인 조승이 죽었다고 하여 평원군이라고 부르기를 거부하고 있다.

# 연왕의 실패와 고사(高士)가 되는 길

**원문번역**

효문왕(孝文王) 원년(辛亥, 기원전 250년)

1 겨울, 10월 기해(4일)일에 왕이 즉위하였고 3일 만에 죽었다. 아들 영초(嬴楚)가 서니 이 사람이 장양왕(莊襄王)이고, 화양부인(華陽夫人)을 높여서 화양태후(華陽太后)로 하고, 하희(夏姬)를 하태후(夏太后)로 하였다.

2 연의 장수가 제의 요성(聊城, 산동성 聊城縣)을 공격하여 이를 뽑았다. 어떤 사람이 그를 연왕에게 참소하기를 '연의 장수가 요성을 보존하고 감히 돌아오려 하지 않는다.'고 하였다. 제의 전단(田單)이 이를 공격하였으나 1년이 넘도록 떨어뜨리지를 못하였다.

노중련(魯仲連)이 마침내 편지를 써서 이를 화살에 매어 성 안으로 쏘아서 연의 장수에게 보내어 이로움과 손해됨을 말하였다.

"공을 위하여 계책을 세운다면 연으로 돌아가지 않으면 제로 귀부해야 할 것입니다. 이제 혼자서 외로운 성을 지키는데 제의 군사는 날로 더욱 많아지고 연의 구원병은 도착하지 않으니 장차 어찌하겠소?"
연의 장수가 편지를 보고 3일을 울었으나, 미적거리면서 스스로 결정할 수가 없었다. 연으로 돌아가려고 하나 이미 틈이 생겼고, 제에 항복하려 하나 제에서 잡은 포로를 죽인 일이 대단히 많아서 이미 항복하고 난 후에 욕을 볼까 두려웠다.
탄식하였다.
"다른 사람이 나를 찌르게 하는 것보다는 차라리 내가 스스로 찌르리라!"
드디어 자살하였다.
요성은 혼란하여졌고, 전단은 요성에서 싸워 이겼다. 돌아와서 제왕에게 노중련(魯仲連)에 대해 말하여 그에게 작위를 주려고 하였다. 노중련이 바다로 도망가면서 말하였다.
"내가 부귀와 더불어 하기 위하여 다른 사람에게 굽히느니 차라리 가난하고 천하게 살면서 세상을 가벼이 생각하고 뜻을 거리낌 없이 하겠다."
위의 안희왕(安釐王)이 자순(子順)에게 천하의 지조 높은 선비에 대해 물었다. 자순이 말하였다.
"세상에 그런 사람은 없지만 억지로 그 다음쯤 되는 사람을 찾는다면 그는 노중련일 것입니다."
왕이 말하였다.

"노중련은 억지로 그렇게 만들어진 것이고, 자체가 자연스럽게 된 것은 아니다."

자순이 말하였다.

"사람들은 모두 만들어갑니다. 만들기를 그치지 않으면 마침내 군자가 되고, 만들어서 변치 않으면 익혀지고 또 몸에 배게 되면 자연스럽게 됩니다."

## 원문

孝文王 元年

1 冬 十月 己亥 王即位; 三日薨. 子楚立 是爲莊襄王; 尊華陽夫人爲華陽太后 夏姬爲夏太后.

2 燕將攻齊聊城 拔之. 或譖之燕王 燕將保聊城 不敢歸. 齊田單攻之 歲餘不下. 魯仲連乃爲書 約之矢以射城中 遺燕將 爲陳利害 曰: '爲公計者 不歸燕則歸齊. 今獨守孤城 齊兵日益而燕救不至 將何爲乎?' 燕將見書 泣三日 猶豫不能自決. 欲歸燕 已有隙; 欲降齊 所殺虜於齊甚衆 恐已降而後見辱. 喟然歎曰: '與人刃我 寧我自刃!' 遂自殺. 聊城亂 田單克聊城. 歸 言魯仲連於齊 欲爵之. 仲連逃之海上 曰: '吾與富貴而詘於人 寧貧賤而輕世肆志焉!'

魏安釐王問天下之高士於子順 子順曰: '世無其人也; 抑可以爲次其魯仲連乎!' 王曰: '魯仲連强作之者 非體自然也.' 子順曰: '人皆作之. 作之不止 乃成君子; 作之不變 習與體成 則自然也.'

【강목|절요】*

**평설**

이 단락에서 주목할 부분은 세 가지이다. 첫 번째는 진 시황제의 할아버지인 효문왕이 즉위한지 3일 만에 죽게 되자 진 시황제의 아버지인 장양왕이 진왕에 등극하는 내용이다. 장양왕은 아버지 효문왕이 태자였던 시절에 조나라에 인질로 왔었던 이인(異人)이다. 장야왕은 여기서 여불위를 만나서 그 도움으로 이름도 자초로 고치고 초나라 출신인 화양부인의 양자로 들어간 덕분에 효문왕의 태자가 될 수 있었다.

그런데 효문왕이 그 아버지 소양왕이 죽고 1년 복상을 마치고 정식으로 왕위에 올라서 3일 만에 죽은 것이다. 이에 따라서 이인이 왕위에 바로 오를 수가 있었다.

왜 효문왕이 아버지 복상을 마치고 즉위한지 3일 만에 별안

---

*【강목】(강) 辛亥 冬 十月 秦王薨. 子楚立 (목) 孝文王即位; 三日薨. 子楚立 尊華陽夫人爲華陽太后 夏姬爲夏太后. (강) 燕伐齊拔聊城 齊伐取之. (목) 燕將攻齊 聊城拔之. 或譖之燕王 燕將保聊城 不敢歸. 齊田單攻之 歲餘不下. 魯仲連乃爲書 約之矢以射城中 遺燕將 曰: '爲公計者 不歸燕則歸齊. 今獨守孤城 齊兵日益而燕救不至 將何爲乎?' 燕將見書 泣三日 猶豫不能自殺. 聊城亂 田單克之. 歸 言魯仲連於齊 欲爵之. 仲連逃之海上 曰: '吾與富貴而詘於人 寧貧賤而輕世肆志焉!' 魏王問天下之高士於子順 子順曰: '世無其人也; 抑可以爲次 其魯仲連乎!'【절요】辛亥 六年. 十月. 秦王柱卽位三日薨. 子楚立, 是爲莊襄王. ○燕將攻聊城, 拔之. 或譖之燕王, 燕將保聊城, 不敢歸. 齊田單攻之, 歲餘不下. 魯仲連乃爲書, 約之矢以射城中, 遺燕將陳利害, 燕將見書, 泣三日, 遂自殺. 聊城亂, 田單克聊城, 歸, 言魯仲連於齊, 王欲爵之. 仲連逃之海上曰:「吾與富貴而詘於人, 寧貧賤而輕世肆志焉!」 ○魏安釐王問天下之高士於子順, 子順曰:「世無其人也; 抑可以爲次, 其魯仲連乎!」. 王曰:「魯仲連彊作之者, 非體自然也.」子順曰:「人皆作之. 作之不止, 乃成君子; 作之不變, 習與體成, 則自然也.」

간 죽었는지에 관해서는 어떠한 믿을만한 기록이 없다. 그러한 점에서 우연이라고 볼 수도 있다.

하지만 이인은 여불위의 적극적인 도움으로 많은 형제 가운데 효문왕의 정비인 화양부인의 아들이 될 수 있었고, 이인의 아들인 영정(嬴政)이 실제로는 여불위의 아들이라는 점을 감안한다면, 여불위의 정치적 술수가 그 속에 숨어 있을 개연성이 높다. 그러나 이 문제는 정확한 자료가 없으니 사실대로만 기록해 두었다.

두 번째로는 연왕 희희의 오판에 관한 이야기이다. 연왕 희희는 지난해에 서쪽으로 조나라를 공격하였다가 실패하였는데, 이번에는 동쪽으로 제(齊)를 공격하였다. 이때 제를 공격하는 연 장수가 모함을 받아 자기 나라로 돌아갈 수 없게 되자, 노중련은 편지 한 장을 써서 연의 장수에게 보내어 자살하게 만든다.

결과적으로 제가 승리하고 연은 실패하였다. 강한 군사력을 가졌음에도 불구하고 부하를 못 믿고 참소하는 말을 믿는 후과가 심각한 패배로 이어졌다. 지도자의 자질이 무엇보다도 중요함을 보여준 사건이다.

세 번째로는 그 이후 제나라에서 공로를 세운 노중련에게 작위를 주겠다고 하자 이를 거절하였는데, 이에 대한 논평이다.

"부귀하고자 다른 사람에게 굽힐 것이냐 아니면 가난하지만 세상을 발 아래 내려다보고 살 것이냐?"

노중련은 작위를 받는 것을 다른 사람에게 굽히는 것이라고 판단하고 거절하였는데, 이러한 사람이 얼마나 있느냐 하는 문제를 가지고 위나라에서 논의가 이어졌다.

위왕은 노중련의 이러한 행동은 자연적으로 우러나온 것이 아니고 억지로 만든 것이라고 생각하여 낮추어 평가한데 비하여 공자의 6세손인 공빈(자순)은 노력하여 고치다 보면 나중에는 자연스럽게 된다고 대답한다. 유가사상의 일단을 보인 것이다. 스스로 고쳐 나가서 자연스러운 경지에 이르는 것이 수양이라고 본 것이다.

# 여불위의 전면등장과 동주군의 소멸

**원문번역**

장양왕(莊襄王) 원년(壬子, 기원전 249년)

1 여불위(呂不韋)가 상국이 되었다.
2 동주군(東周君)과 제후들이 진을 치기로 모의하였는데 왕[莊襄王]이 상국으로 하여금 군사를 통솔하여 이들을 토멸하게 하고, 동주군(東周君)을 양인취(陽人聚, 하남성 臨汝縣의 서쪽)로 옮겼다. 주는 이미 제사를 안 지냈다. 주가 망할 즈음에는 무릇 7개의 읍을 갖고 있었는데, 하남(河南, 하남성 낙양시 서쪽), 낙양(洛陽, 하남성 낙양현), 곡성(谷城, 하남성 新安縣), 평음(平陰, 하남성 孟津縣), 언사(偃師, 하남성 偃師縣), 공(鞏, 하남성 鞏縣), 구지(緱氏, 한남성 偃師縣 緱氏鎭)였다.
3 하남과 낙양의 10만 호를 가지고 상국(相國)인 여불위를 책봉하였는데, 문신후(文信侯)로 하였다.
4 몽오(蒙驁)가 한을 치고, 성고(成皐, 하남성 汜水鎭 虎牢關)와 형양(滎陽, 하남성 滎陽縣)을 빼앗고 처음으로 삼천군(三川郡, 이 경내에 黃河, 伊水, 洛水가 있음)을 설치하였다.

5 초가 노를 멸망시키고, 노의 경공을 변(卞, 산동성 泗水縣)으로 옮기고 가인(家人)으로 삼았다.

## 원문

莊襄王元年

1 呂不韋爲相國.

2 東周君與諸侯謀伐秦; 王使相國帥師討滅之 遷東周君於陽人聚. 周旣不祀. 周比亡 凡有七邑: 河南·洛陽·穀城·平陰·偃師·鞏·緱氏.

3 以河南洛陽十萬户封相國不韋爲文信侯.

4 蒙驁伐韓 取成皋·滎陽 初置三川郡.

5 楚滅魯 遷魯頃公於卞 爲家人.

【강목|절요】*

## 평설

이해에 벌어진 일 가운데 가장 중요한 사건은 여불위가 진나라의 상국이 된 것이다. 그가 상국이 되고나서 첫 번째로 한 일

---

*【강목】王子 (목) 秦莊襄王 楚元 楚十四 燕六 魏二十八 趙十七 韓二十四 齊十六年 (강) 秦以呂不韋爲相國 封文信侯○秦滅東周 遷其君於陽人聚 (목) 東周君與諸侯謀伐秦 王使相國帥師滅之 遷東周君於陽人聚 周遂不祀 周比亡 凡有七邑 (강) 秦伐韓 取滎陽成皋 置三川郡○楚滅魯 遷其君於卞爲家人 (목) 是爲頃公【절요】王子七年. 秦以呂不韋爲相國, 封文信侯. ○東周君與諸侯謀伐秦；秦王使相國呂不韋, 帥師滅之, 遷東周君於陽人聚, 周遂不祀. 周比亡, 凡有七邑. 右三十七王. 幷東周君, 按經世書, 始武王己卯, 終東周君王子, 該八百七十三年. 秦紀 莊襄王.

## 노나라 멸망 후 8국도(기원전 249년)

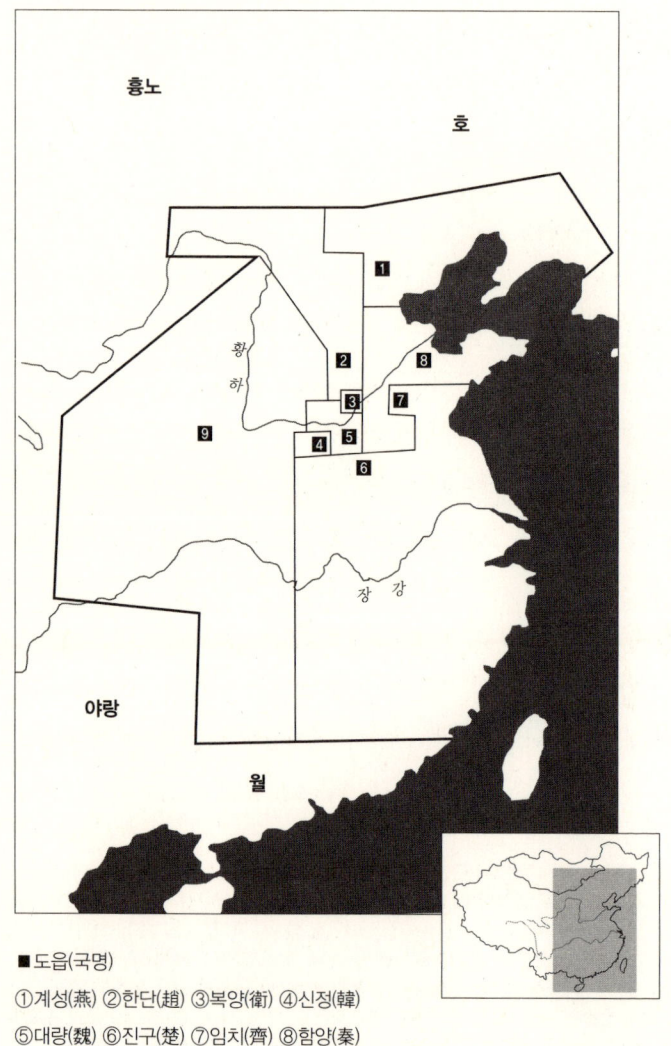

■ 도읍(국명)
① 계성(燕) ② 한단(趙) ③ 복양(衛) ④ 신정(韓)
⑤ 대량(魏) ⑥ 진구(楚) ⑦ 임치(齊) ⑧ 함양(秦)

은, 주왕이 이미 항복하였고 그 왕도 죽었는데 주(周) 왕실에 대한 미련을 버리지 못하는 동주군이 진에 대항하려는 움직임을 보이자 이를 완전히 멸망시킨 것이다. 이때에 동주에 속한 읍은 7개였는데, 그 조차 진나라 것이 되어 버렸다. 이러한 공로로 여불위는 문신후가 되었다.

그리고 이어서 장군 몽오가 이웃하는 한나라를 쳐서 땅을 빼앗아 처음으로 삼천군을 설치하였다. 정치체제가 군현제로 옮아가는 첫 발을 내 디딘 셈이다.

전부터 내려오던 봉건제는 책봉받은 봉토 안에서는 상속될 수 있도록 한 것에 대하여 군현제는 그 책임자를 중앙정부에서 직접 임면하도록 한 것이다. 중앙집권화로 가는 제도로서 주대의 봉건제가 진대의 군현제로 넘어오는 시점이었다. 물론 아직은 군현제를 실시한 곳이 한 곳 뿐이지만 이러한 일은 증가해서 진이 6국을 멸망시키고나서 전부 군현으로 재조직되기에 이르게 된다.

다음으로는 남쪽의 초나라가 서부로부터 밀려오는 진의 세력에 하는 수 없이 북쪽으로 그 세력을 넓히려고 하면서 노(魯)나라를 없애고 당시의 경공을 집안사람으로 만들었다. 진의 확장이 보여 준 풍선효과였다.

노나라는 소양왕 52년(기원전 255년)에 초에 의하여 도읍을 거(莒)로 옮기고 그 땅을 빼앗겼는데 두 번째로 방축된 것이다. 이로써 노는 완전히 망하였으니 기원전 1108년에서 이해까지 제후국으로 모두 859년간 존재했다.

《절요》에서는 그동안 주왕 대신 동주군을 중심으로 기년하였는데, 이제 그마저 없어져 버리고 나자 주가 완전히 멸망한 것으로 생각했다. 그래서 주 왕조는 37왕 873년간 존재했다는 전 역사를 간략하게 서술해 놓고 있다.

그리고 이 시기부터 진기(秦紀)를 시작하고 있지만 장양왕 원년의 사건은 하나도 기록하지 않았다. 그에 비하여 《강목》에서는 이미 주 난왕이 죽었을 때에 주가 멸망한 것으로 생각하고 아무런 언급 없이 사실만 기록하였다. 물론 진기(秦紀)를 설정하지도 않았다.

# 새로운 길을 개척하려는 춘신군

**원문번역**

장양왕 2년(癸丑, 기원전 248년)

1 일식이 있었다.
2 몽오가 조를 치고 유차(楡次, 산성성 楡次縣), 낭맹(狼孟, 산성성 太原縣) 등 37개 성을 빼앗았다.
3 초의 춘신군이 초왕에게 말하였다.
 "회하(淮河)의 북쪽 땅은 제의 변경이어서 그곳의 사태가 급하게 되었으니, 청컨대 그곳을 군[江東郡, 강소성 남부]으로 만들어서 저를 강동(江東)에 책봉하여 주십시오."
 초왕이 이를 허락하였다.
 춘신군은 이어서 오(吳)의 옛 터에 성을 쌓아 도읍으로 하였다. 궁실이 아주 성대하였다.

**원문**

二年

1 日有食之.
2 蒙驁伐趙 取楡次·狼孟等三十七城.
3 楚春申君言於楚王曰: "淮北地邊於齊 其事急 請以爲郡而封於江東." 楚王許之. 春申君因城吳故墟以爲都邑. 宮室極盛.

【강목|절요】*

## 평설

 장양왕이 등장한 다음 해에 일어난 사건 가운데 가장 중요한 것은 진나라의 장군인 몽오가 북쪽으로 조를 공격하여 37개의 성을 빼앗은 것이다. 진나라의 영토 확장이 본격화 되었다고 할 수 있다. 특히 몽오는 진나라를 지탱하는 중요한 무장집안이다.

 이 몽오가 후에 호해와 갈등 속에서 죽게 되는 몽념(蒙恬)과 같은 집안이라는 점을 주목해야 한다. 그의 아들 몽무(蒙武)와 손자인 몽념(蒙恬)과 몽의(蒙毅) 등은 모두 진의 장수가 된다.

 다음으로 중요한 사건은 초나라의 춘신군이 동쪽으로 와서 오(吳) 지역을 군(郡)으로 만들고 성을 쌓아 반 독립한다. 명분은 제나라와 접하고 있는 동부 지역에 위급한 사태를 효과적으로

---

*【강목】(강) 癸丑 (목) 秦二 楚十五 燕七 魏二十九 趙十八 韓二十五齊十七年 (강) 日食 ○秦伐趙定太原取三十七城○楚黃歇徙封於吳 (목) 春申君言於楚王曰 淮北邊於齊 其事急 請以爲郡而封於江東 許之 春申君 因城故吳墟 而居之宮室極盛 【절요】癸丑. 日食. ○秦伐趙, 定太原, 取三十七城.

대응하기 위한 것이라고 하지만 실제로는 초의 고열왕으로부터 반 독립하여 새로운 길을 갈 수 있는지 모색하고 있는 것이다.

춘신군이 스스로 도읍을 떠나서 강동 지역으로 가겠다고 한 것은 자신은 외부에 있으면서 초나라의 정권을 조정하려는 의도가 숨어 있는 것으로 볼 수 있으니 춘신군은 이미 초나라에서 초왕과 대등하거나 그에 버금가는 정치적 실권을 쥐고 있음을 의미한다. 강동이란 장강의 동쪽, 지금의 강소성 남부로 여기서 후에 손권의 오가 성장하게 된다.

《절요》에서는 이 모든 사건들을 대단히 간략하게 기록하였다. 《강목》에서는 춘신군을 황헐(黃歇)로 표기하고, 사봉(徙封)이라는 용어를 사용하였는데, 이는 춘신군을 강동 지역으로 내쫓았다는 뉘앙스를 풍기도록 기록한 것이다.

# 위나라 신릉군의 성공과 실패

**원문번역**

장양왕 3년(甲寅, 기원전 247년)

1 왕흘(王齕)이 상당(上黨)에 있는 여러 성을 쳐서 이를 모두 뽑고 처음으로 태원군(太原郡)을 설치하였다.

2 몽오가 군사를 거느리고 위를 쳐서 고도(高都, 산서성 晉城縣)와 급(汲, 하남성 汲縣)을 빼앗았다. 위의 군사가 자주 패하니, 위왕이 이를 걱정하여 마침내 사람을 시켜서 조에 있는 신릉군(信陵君)을 초청하였다. 신릉군이 죄를 얻을까 두려워하여 돌아오지 않으려 하면서 문하의 여러 사람들에게 경계하여 말하였다.

"감히 위의 사자와 내통하는 사람이 있으면 죽을 것이다."

빈객들 가운데 감히 간하는 사람이 없었다.

모공(毛公)과 설공(薛公)이 신릉군을 뵙고 말하였다.

"공자(公子)가 제후들에게 소중하게 여겨지는 까닭은 다만 위가 있음으로 해서입니다. 이제 위가 위급한데 공자께서 구휼(救恤)을 베풀지 않으면 어느 날 진이 대량(大梁, 위의 도읍 ; 하남성

개봉시)에서 이기고, 선왕의 종묘를 깔아뭉갠다면 공자께서는 무슨 면목으로 천하에 서 있을 것입니까?"

말이 아직 끝나지 않았는데, 신릉군은 안색이 변하더니 수레로 달려가서 위로 돌아갔다. 위왕이 신릉군을 붙잡고 울면서 상장군으로 삼았다.

신릉군이 사람을 시켜서 제후들에게 원조해 줄 것을 요청하였다. 제후들이 신릉군이 다시 위의 장수가 되었다는 소식을 듣고 모두 군사를 파견하여 위를 구원하였다. 신릉군은 다섯 나라의 군사를 거느리고 몽오(蒙驁)를 하외(河外, 황하의 이남)에서 패퇴시키니 몽오는 숨어서 도망하였다. 신릉군은 쫓아가서 함곡관(函谷關)에 이르러 이를 억눌러놓고 돌아왔다.

안릉(安陵, 하남성 鄢陵縣) 사람 숙고(縮高)의 아들이 진에서 벼슬을 하였는데, 진은 그로 하여금 관(管, 하남성 鄭州市)을 지키게 하였다. 신릉군이 이곳을 공격하였으나 떨어뜨리지 못하자 사람을 시켜서 안릉군(安陵君)에게 말하였다.

"군[安陵君]께서 숙고를 파견하여 보내면, 내가 곧 그를 오대부(五大夫, 위의 중급 장교)로 벼슬하게 하여 그를 집절위(執節尉 = 법집행관)로 삼을 것입니다."

안릉군이 말하였다.

"안릉(安陵)은 작은 나라이지만 반드시 그 백성들을 부릴 수는 없습니다. 사자께서 스스로 가서 청해보십시오."

관리로 하여금 사자를 인도하여 숙고가 있는 곳으로 이르게 하였다. 사자가 신릉군의 명령을 전달하니 숙고가 말하였다.
"그대가 이 숙고가 있는 곳까지 행차한 것은 장차 이 숙고로 하여금 관(管)을 공격하게 하자는 것이겠지요. 무릇 아버지가 공격을 하고 아들은 지킨다면 다른 사람들이 웃을 것이고, 신(臣)이 떨어뜨리는 것을 보이게 되면 이는 주군을 배반하는 것입니다. 아버지가 아들에게 주군을 배반하도록 가르치는 것은 역시 그대도 기뻐할 바가 아니지요. 감히 두 번 절하며 사양하겠습니다."

사자가 신릉군에게 보고하였다.

신릉군이 크게 노하여 사신을 안릉군이 있는 곳에 파견하여 말하였다.

"안릉의 땅은 오히려 위의 땅이나 같소. 이제 내가 관을 공격하여 떨어뜨리지 못한다면 진의 군사가 우리에게 이를 것이고, 사직이 반드시 위험하게 되오. 바라건대 그대는 숙고를 산 채로 묶어서 이리로 보내시오. 만약에 그대가 안 데려오면 나 위무기(魏無忌, 信陵君의 이름)는 10만의 군사를 거느리고 안릉의 성 아래까지 진격할 것이오."

안릉군이 말하였다.

"나의 돌아가신 아버지 성후(成侯)께서 조서를 받았는데, 양왕(襄王)이 이 성을 지키라고 하였고, 손수 태부(太府)의 법을 내려주었습니다. 그 법의 상편에 쓰여 있기를 '신하가 임금을 시해하는 것과 아들이 아버지를 시해하는 일은 언제라도 사면하지 못한다. 나라가 비록 큰 사면령을 내린다고 하여도 성을 가지고 항복한 사람과 도망한 사람에게는 줄 수 없다.'고 하였습니다.

이제 숙고는 큰 벼슬자리를 내놓아서 부자의 의를 온전하게 하고자 하는데, 그대가 말하기를 반드시 산 채로 데리고 오라.'고 하였으니, 이는 나로 하여금 양왕의 조서를 배반하고 태부의 법을 없애라는 말과 같은 것이어서 비록 죽는다고 하여도 끝내 감히 시행할 수 없습니다."

숙고가 이 소식을 듣고 말하였다.

"신릉군의 사람됨이 사납고 용맹한 것을 스스로 사용하니 이 말은 반드시 도리어 나라[안릉]에 화가 될 것입니다. 나는 이미 나 스스로를 온전히 하였고, 신하로서의 의를 어기지도 않았는데, 어찌 나의 주군으로 하여금 위의 환난을 있게 할 수 있겠습니까!"

마침내 사자가 있는 곳으로 가서 목을 매어 죽었다.

신릉군은 이 소식을 듣고 흰 상복을 입고, 관사(館舍)에서 피하면서 사자로 하여금 안릉군에게 사과하게 하여 말하였다.

"나 위무기는 소인이고 생각이 꽉 막혀서 군[안릉군]에게 실언을 하였으니 청컨대 두 번 절하며 사죄하게 해주십시오."

왕[莊襄王]이 사람을 시켜서 만금(萬金)을 가지고 위에 가서 신릉군을 이간시키려고 진비(晉鄙)의 빈객을 찾게 하고, 위왕에게 유세하게 하였다.

"공자(公子)가 외국에서 10년 동안 망명하다가 이제 다시 장수가 되었는데 제후들이 모두 그에게 부탁하고, 천하 사람들도 오직 신릉군의 말을 듣고, 위왕의 말을 듣지 않습니다."

왕[莊襄王]은 또한 자주 사람을 시켜서 신릉군에게 축하하여 말하게 하였다.

"위왕이 되는 것이 아직도 아닙니까?"

위왕은 연일 그를 비방하는 말을 듣게 되니 믿지 아니할 수가 없어서 마침내 다른 사람으로 하여금 신릉군을 대신하여 군사를 거느리게 하였다. 신릉군도 자기를 헐뜯어서 철폐[철직]되었음을 스스로 알고, 마침내 병이라고 하면서 사양하고 조현하지 않으면서 밤낮 없이 주색으로 스스로 즐기다가 무릇 4년이 되어 죽었다.

한왕이 가서 조문하니 그의 아들은 이를 영예롭게 생각하고 자순(子順)에게 이야기하였다. 자순이 말하였다.

"반드시 예로써 이를 사양하시오. '이웃 나라의 군주가 조문한다면 군주가 이를 위하여 상주가 되어야 합니다.' 지금 군주가 그대에게 명령하지 않았다면 아들은 한의 군주를 받을 바가 없는 것이오."

그의 아들이 이를 사양하였다.

3  5월, 병오(23일)일에 왕[장양왕]이 죽었다. 태자 영정(嬴政)이 섰는데, 난지 13년이어서 나라의 일은 모두 문신후(文信侯, 呂不韋)에게서 결정되었고, 중부(仲父; 작은 아버지)라고 불렀다.

4 진양(晉陽)이 반란하였다.

## 원문

三年

1 王齕攻上黨諸城 悉拔之 初置太原郡.

2 蒙驁帥師伐魏 取高都·汲. 魏師數敗 魏王患之 乃使人請信陵君於趙. 信陵君畏得罪 不肯還 誡門下曰: "有敢爲魏使通者死!" 賓客莫敢諫. 毛公·薛公見信陵君曰: "公子所以重於諸侯者 徒以有魏也. 今魏急而公子不恤 一旦秦人克大梁 夷先王之宗廟 公子當何面目立天下乎!" 語未卒 信陵君色變 趣駕還魏. 魏王持信陵君而泣 以爲上將軍. 信陵君使人求援於諸侯. 諸侯聞信陵君復爲魏將 皆遣兵救魏. 信陵君率五國之師敗蒙驁於河外 蒙驁遁走. 信陵君追至函谷關抑之而還.

安陵人縮高之子仕於秦 秦使之守管. 信陵君攻之不下 使人謂安陵君曰: "君其遣縮高 吾將仕之以五大夫 使爲執節尉." 安陵君曰: "安陵小國也 不能必使其民. 使者自往請之" 使吏導使者至縮高之所. 使者致信陵君之命 縮高曰: "君之幸高也 將使高攻管也. 夫父攻子守 人之笑也; 見臣而下 是倍主也. 父敎子倍 亦非君之所喜. 敢再拜辭." 使者以報信陵君. 信陵君大怒 遣使之安陵君所曰: "安陵之地 亦猶魏也. 今吾攻管而不下 則秦兵及我 社稷必危矣. 願君生束縮高而致之! 若君弗致 無忌將發十萬之師以造安陵之城下."
安陵君曰: "吾先君成侯受詔襄王以守此城也 手授太府之憲. 憲之

上篇曰:'臣弑君 子弑父 有常不赦. 國雖大赦 降城亡子不得與焉.' 今縮高辭大位 以全父子之義 而君曰'必生致之.'是使我負襄王之詔 而廢太府之憲也 雖死 終不敢行!" 縮高聞之曰:"信陵君爲人 悍猛而自用 此辭必反爲國禍. 吾已全已 無違人臣之義矣 豈可使吾君有魏患乎!"乃之使者之舍 刎頸而死. 信陵君聞之 縞素辟舍 使使者謝安陵君曰:"無忌 小人也 困於思慮 失言於君 請再拜辭罪!"

王使人行萬金於魏以間信陵君 求得晉鄙客 令說魏王曰:"公子亡在外十年矣 今復爲將 諸侯皆屬 天下徒聞信陵君而不聞魏王矣." 王又數使人賀信陵君:"得爲魏王未也?"魏王日聞其毀 不能不信 乃使人代信陵君將兵. 信陵君自知再以毀廢 乃謝病不朝 日夜以酒色自娛 凡四歲而卒. 韓王往弔 其子榮之 以告子順. 子順曰:"必辭之以禮!'鄰國君弔 君爲之主.'今君不命子 則子無所受韓君也." 其子辭之.

3 五月 丙午 王薨. 太子政立 生十三年矣 國事皆決於文信侯 號稱仲父.

4 晉陽反.

【강목|절요】*

---

*【강목】(강) 甲寅 (목) 秦三 楚十六 燕八 魏三十 趙/十九 韓二十六 齊十八年 (강) 秦悉拔上黨諸城 置太原郡 ○秦伐魏 魏公子無忌率五國之師敗之 追至函谷而還 (목) 蒙驁伐魏取高都汲 魏王患之 使人請信陵君 信陵君不肯還 其客毛公薛公見曰 公子所以重於諸侯者 徒以魏也 今魏急而公子不恤 一旦秦人克大梁 夷先王之宗廟 公子當何面目立天下乎 公子當何面目立天下乎 語未卒 信陵君色變趣駕還魏 魏王持信陵君而泣以爲上將軍 求援於諸侯 諸侯聞之 皆遣兵救魏 信陵君遂率五國之師

**평설**

　이해에 벌어진 사건 가운데 가장 중요한 것은 위나라의 신릉군이 국제적인 영향력을 행사한 일이다. 전국시대 말은 이른바 4공자(公子)라는 위의 신릉군, 조의 평원군, 초의 춘신군, 제의 맹상군이 국제적으로 활약하던 시기였는데, 이 사건은 위나라의 신릉군이 활약한 일을 서술하고 있다.

　이 시기에 위의 신릉군은 조나라에 가 있었다. 전에 조나라의 평원군이 진으로부터 침략을 받자 위나라의 신릉군에게 원조를 요청했는데, 위왕이 이를 허락하지 않자 신릉군은 무단으로 위나라 군사를 데리고 조나라를 도왔고 이 때문에 신릉군은 고국인 위로 돌아오지 못하고 있었던 것이다.

　그런데 그 후 10년이 지난 지금 시점에서 위나라가 진나라

---

敗蒙驁於河外 追至函谷關而還 ○安陵人縮高之子仕於秦守管 信陵君攻之不下 使人召高 將以爲五大夫執節尉 而使攻管 高對日 父攻子守人之笑也 見臣而下是倍主也 父敎子倍亦非君之所喜 敢辭 信陵君怒 使謂安陵君生束縮高而致之 不然 無忌將率十萬之師 以造城下 安陵君日 吾先君成侯受詔 襄王以守此城也 手受太府之憲 其上篇日 子弑父弑君有常 不赦 國雖大赦 降城亡子不得與焉 今縮高辭大位 以全父子之義 而君日必生致之 是使我負襄王之詔 而廢太府之憲也 縮高聞之 信陵君爲人悍猛 而自用此辭 反必爲國禍 吾已全已 無違人臣之義矣 豈可使吾君有魏患乎乃之使者舍刎頸而死 信陵君聞之 縞素辟舍 而遣使謝安陵君 (강) 五月 秦王薨, 子政立 (목) 政生十三年矣 國事皆委於文信侯 號仲父. 【절요】 甲寅. 蒙驁帥師伐魏, 魏師數敗, 魏王患之, 乃使人請信陵君於趙. 信陵君畏得罪, 不肯還. 毛公·薛公見信陵君曰:「公子所重於諸侯者, 徒以有魏也. 今魏急而公子不恤, 一旦秦人克大梁, 夷先王之宗廟, 公子何面目立天下乎!」語未畢, 信陵君色變, 趣駕還魏, 魏王持信陵君而泣, 以爲上將軍, 信陵君使人求援於諸侯. 諸侯聞信陵君復爲魏將, 皆遺兵救魏. 信陵君率五國之師, 敗蒙驁於河外. ○五月, 秦王薨, 立三年. 其子政立, 封相國呂不韋, 爲文信侯, 號稱仲父.

위(魏) 무기의 진(秦) 공격도(기원전 247년)

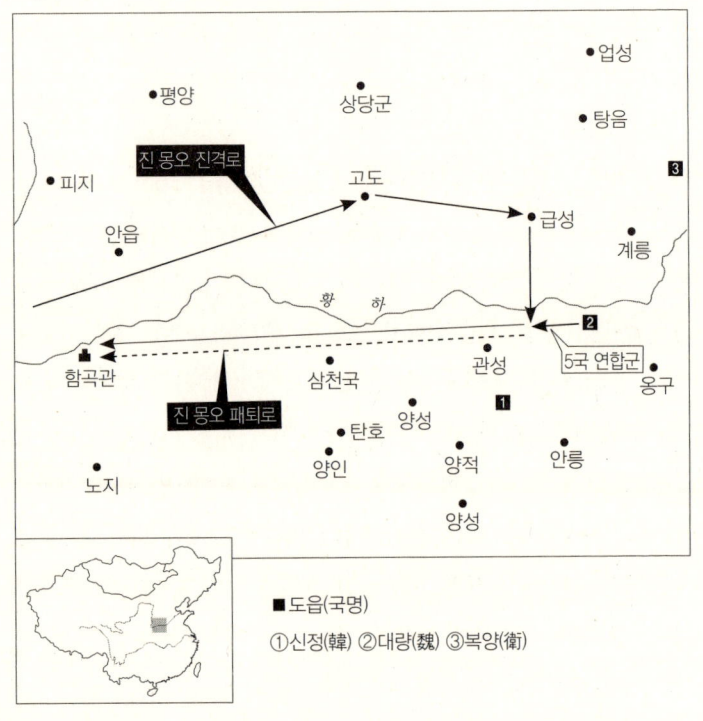

몽오 장군에게 공격을 받는데, 이를 막을 길이 없자 신릉군에게 도움을 요청했고, 신릉군이 드디어 고국 위나라를 돕기로 하여 모든 문제를 해결한 내용이다.

사실 이해에 진나라는 왕흘이 조나라의 상당을 공격하여 태원군을 설치하였는데, 《절요》에서는 이를 생략하여 마치 진나라가 위나라만을 공격한 것으로 보이지만 실제로 진은 주변에 대한 영토확장을 끊임없이 하고 있었다.

또 다른 사건 하나는 신릉군이 자신이 갖고 있는 국제적 명성을 가지고 아주 조그만 성읍인 안릉을 조정하려는 시도가 좌절된 사건이다. 위나라와 진나라 사이에 안릉이라는 작은 읍이 있는데, 그곳에 사는 숙고라는 이의 아들은 진에 가서 벼슬을 하며 관이라는 곳의 책임을 지고 있었다. 신릉군은 숙고를 통하여 진에 가서 벼슬하는 그 아들을 위나라에 항복시키려는 계획을 세웠다.

그러나 이 이야기를 들은 안릉군의 책임자인 안릉군과 숙고는 이를 단호하게 거절한다. 아버지로서 어떻게 아들에게 그가 섬기는 주군을 배반하고 아버지를 따르라고 할 수 있겠느냐는 것이 그 이유였다. 이러한 일은 위나라를 세운 양왕의 정신에도 위배된다는 것이었다.

결국 숙고는 신릉군이 보낸 사자의 숙소에 가서 자살하는데, 이를 본 신릉군이 사과를 하였다. 힘으로 유가적 도덕을 넘어설 수 없음을 보여주는 사례라고 할 것이다.

또 다른 신릉군과 관련된 이야기는 진의 장양왕이 힘으로 신릉군을 제어할 수 없자 전에 신릉군에게 죽은 위의 장군 진비의 빈객을 찾아 그를 진의 간첩을 만들어 위로 들여보내어 위왕과 신릉군 사이를 이간시키는 내용이다. 장양왕의 계획은 결국 성공하여 신릉군은 직책을 잃고 실의에 빠져서 술로 세월을 보내다가 죽었다.

힘으로 세상을 풍미하는 데는 한계가 있으며, 적어도 힘 위에 정치력이 있다는 사실을 말하려 한 것이다. 진나라의 장양왕은 힘으로는 신릉군을 당하지 못했으나, 무력의 방법이 아닌 간첩을 이용하는 정치력으로 힘 있는 장수 신릉군을 무력화하는 데 성공하였다.

신릉군의 아들은 이웃하는 한나라 왕이 자신의 아버지에게 문상하겠다고 하자 이를 영광으로 생각하고 있었다. 제후왕과 신릉군의 신분은 엄연히 다른데, 높은 신분의 왕이 문상하겠다니 보통으로는 영광이라고 생각하는 것도 당연하다고 볼 수 있다.

그러나 공자의 6세손 자순은 이는 격에 맞지 않다고 비난했다. 한왕이 문상 온다면 위왕이 상주로 나서야 경우에 맞는다는 것이다. 하지만 위왕과 신릉군의 사이도 벌어졌는 데다가 신하의 죽음에 상주가 될 왕은 없다. 물론 신릉군의 아들은 이를 거절했지만 아무리 전국시대말의 혼란기라고 하더라도 격에 맞는 국제관계가 필요했던 시대였음을 말하는 것이다.

그리고 진나라에 중요한 변화가 일고 있음을 적었다. 5월에 정왕 영정이 13살의 나이로 즉위 3년 만에 죽은 장양왕의 뒤를 이어 황제에 올랐다. 이 문제는 앞서 효문제가 즉위 3일 만에 죽은 사건과 연관 지어 볼 수 있다. 여기에는 여불위가 관계된다.

여불위는 막대한 재산을 이용하여 하릴 없이 조나라에 인질로 와 있는 이인(異人, 장양왕)을 진나라 태자(후에 효문왕)와 그의 부인인 화양부인의 양자가 되게 하였다. 그뿐만 아니라 자기가 임신시킨 여자를 이인에게 시집보내어 자기의 핏줄이 진나라 왕위를 잇게 하려는 음모를 꾸몄다.

이 과정에서 자기의 핏줄인 정왕(진 시황)이 등극하는 시기를 빠르게 하려고 효문왕을 독살했을 가능성이 있었으며, 장양왕의 경우도 마찬가지로 해석할 수 있다.

그러나 《자치통감》과 《절요》에서는 확실한 증거가 없어서인지 이에 대한 직접적인 언급은 없다. 다만 《강목》에서는 '胡氏曰 孝文 莊襄二王之死 蓋皆不韋之所爲也.'라는 말을 덧붙이고 있다. 즉 '호씨가 이르되 효문왕과 장양왕 두 임금의 죽음은 대개 모두 여불위가 한 짓이다.'라고 한 것이다.

심정적으로는 가능성이 있는 일이기는 하지만 정확한 증거를 찾을 수 없다는 약점을 지니고 있는 내용이다. 그러기에 《자치통감》과 《절요》에서는 이 문제를 거론하지 않았는데, 혈통 중심적 사관을 가지고 쓴 《강목》에서는 이 내용을 대 놓고 쓰고

10년 전(기원전 258년~기원전 257년)에 위무기가 조나라를 구원했던 경로

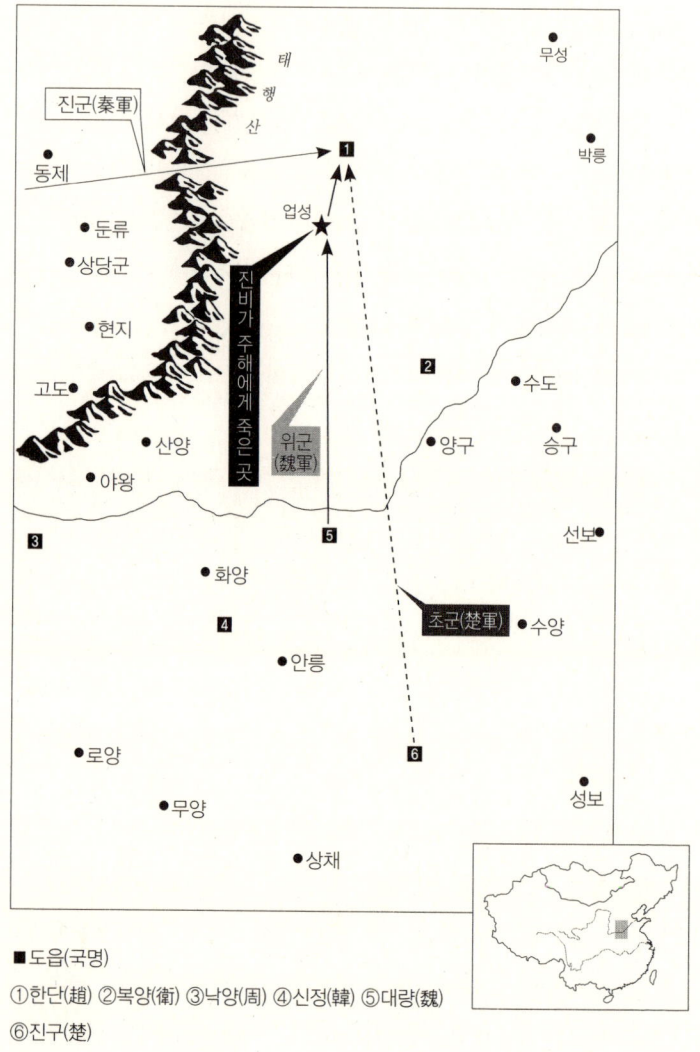

있는 것으로 보아 세 책의 시각의 차이를 볼 수 있다.

  마지막으로 진나라가 자기들의 영역으로 확보하였던 조나라의 진양에서 반란이 일어난 것을 적고 있다. 물론 《절요》와 《강목》에서는 이 사건을 무시하고 기록하지 않았지만 진나라가 이웃하는 나라를 침탈하는 것이 순조롭게 진행되지만은 않았다는 것을 알 수 있다. 앞으로 진이 6국을 합병하는 과정이 순탄하지 않을 것도 예측할 수 있는 사건이다.

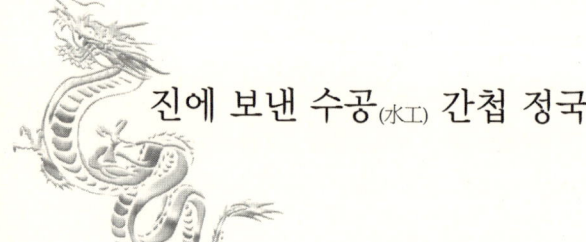
# 진에 보낸 수공(水工) 간첩 정국

**원문번역**

시황제(始皇帝) 원년(乙卯, 기원전 246년)

1 몽오(蒙驁)가 이[晉陽]를 공격하여 평정하였다.
2 한이 진인(秦人)들을 피곤하게 하여 동쪽으로 나아가 정벌을 하지 않게 하려고, 마침내 수리(水利) 기술자인 정국(鄭國)으로 하여금 진에서 간첩 활동을 하게 하였는데, 경수(涇水)를 뚫어서 중산(仲山)에서부터 운하[渠]를 만들어 북산(北山)을 아우르고 동쪽으로 낙수(洛水)에 물을 대게 하였다.

작업을 하는 도중에 발각되어 진인들이 그를 죽이려고 하였다. 정국이 말하였다.

"신은 한을 위하여 운명을 몇 년 연장하게 하는 것이지만 그러나 이 운하가 완성된다면 또한 진에게는 만세의 이익이 될 것입니다."

마침내 이것을 끝까지 만들게 하였다.

진흙 덩어리의 물을 대어서 짠 흙이 있는 4만여 경(頃)의 땅에 들어부으니 수확한 것이 모두 1무(畝)에 1종(鍾)씩이나 되었고, 관중은 이로 말미암아서 더욱 부유하게 되었다.

## 원문

始皇帝上 元年

1 蒙驁擊定之.

2 韓欲疲秦人 使無東伐 乃使水工鄭國爲間於秦 鑿涇水自仲山爲渠 並北山 東注洛. 中作而覺 秦人欲殺之. 鄭國曰: "臣爲韓延數年之命 然渠成 亦秦萬世之利也." 乃使卒爲之. 注塡閼之水漑舄鹵之地 四萬餘頃 收皆畝一鍾 關中由是益富饒.

【강목|절요】*

## 평설

이해는 25년 뒤에 전국시대를 마감하고 6국을 다 병탄한 뒤 스스로 왕에서 시황제가 되는 영정(嬴政)이 진왕(秦王)에 즉위하는 해이다. 이때에 그는 13살이었으니 스스로 정치를 할 수는 없었고, 대신 여불위가 승상으로 모든 정치를 주관하였다. 여기에서 기년법(紀年法)이 문제가 된다. 《자치통감》에서는 이미

---

* 【강목】 (강) 乙卯 (목) 秦王政元 楚十七 燕九 魏三十一 趙二十 韓二十七 齊十九年 (강) 秦鑿涇水爲渠 (목) 韓欲疲秦 使無東伐 乃使水工鄭國爲間於秦 鑿涇水自仲山爲渠 並北山 東注洛 中作而覺欲殺之 國曰 臣爲韓延數年之命 然渠成 亦秦萬世之利也 乃使卒爲之 注塡閼之水漑舄鹵之地四萬餘頃 收皆畝一鍾 由是秦益富饒
【절요】 後秦紀 始皇帝上, 卽王位 二十五年, 幷天下卽帝位 凡十二年, 壽五十.

진(秦)의 정국거 개착(기원전 246년)

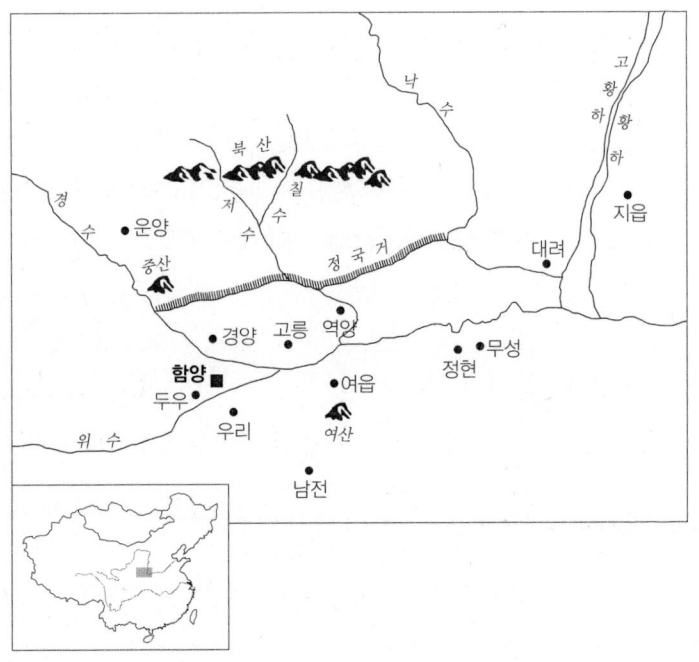

진기(秦紀)로 쓰고 있기 때문에 정왕의 즉위를 시황제 원년으로 기록한다. 물론 정왕인 영정이 아직은 시황제가 아니지만 후에 시황제로 불렸기 때문에 이를 소급하여 사용한다.

다만 《절요》에서는 이를 후진기(後秦紀)로 한다. 동주군이 진에 의하여 귀양가고 주(周) 왕실에 대한 제사가 끊기면서부터 《절요》에서는 진기(秦紀)라고 하였는데, 이제 진 시황제가 등극하게 되자 이를 후진기로 쓰고 있는 것이다.

그 전까지를 전국7웅의 시대로 보려는 의도가 있는 것이다. 그러나 《강목》에서는 진 왕조를 윤통(閏統)으로 보기 때문에 열국을 병렬해 놓고 진도 그 가운데 하나로 취급한다. 그리고 연도의 표시는 을묘로 하고 있다.

이해에 일어난 일 가운데 가장 중요한 사건은 날로 위협적이 된 진(秦)을 약화시키기 위해 한(韓)이 계획을 세웠으나, 그것이 실패로 끝나게 되는 일이다.

한은 진을 경제적으로 피폐하게 만들기 위하여 정국(鄭國)이라는 수리기술자를 진으로 파견하여 댐을 만들면 그 공사의 결과로 농업수확량이 많아진다는 이유를 들어 토목공사를 일으키게 하였다. 무리하게 공사를 일으켜 결과적으로 진을 피폐하게 만들려고 한 것이다.

이 숨은 음모를 모르는 진에서는 대대적인 댐공사를 실시했는데, 도중에 정국이 진에 온 진정한 이유가 발각된다. 위기에 처한 정국은 오히려 공사를 계속하면 자기를 보낸 한나라는 겨우 몇 년 정도 그 수명을 연장할 뿐이지만, 진나라에 무궁한 이익이 될 것이라고 설득하여 이 공사를 마무리한다. 그 결과 진은 4만여 경의 새로운 비옥한 토지를 얻어 부국의 길로 접어든다.

한과 진의 경쟁관계에서 어떤 경제정책이 국가에 이익이 되고 손해가 될 것이냐를 두고 깊이 생각하게 하는 사건이다. 짧게 생각하면 진에서 토목공사를 일으키는 것은 한나라에 유리하였지만 멀리 볼 때에는 오히려 진에게 유리했던 것이다.

그러므로 기술이란 그 자체가 유리하거나 불리한 것은 아니다. 그 기술을 이용하는 사람이 어떻게 사용하느냐에 따라서 유리할 수도 있고 불리할 수도 있다는 실례가 이미 기원전 246년에 나타났다. 이러한 기술논쟁은 그 후 줄곧 인간들 사이에서 일어났었고, 지금까지도 조금도 달라진 것이 없이 토론되고 있다.

정국은 수리공사 기술자로서 정치적으로 이용된 첫 사례일 것이다.

# 조나라 명장 염파의 몰락

**원문번역**

시황제 2년(丙辰, 기원전 245년)

1 포공(蒲公)이 군졸을 거느리고 권(卷, 하남성 原武縣)을 공격하였는데, 참수한 것이 3만이있다.

2 조에서는 염파(廉頗)를 가상국(假相國)으로 삼아 위를 치고 번양(繁陽, 하남성 內黃縣)을 빼앗았다. 조의 효성왕(孝成王, 3대)이 죽고 아들 도양왕(悼襄王)이 섰는데, 무양군(武襄君) 악승(樂乘)으로 하여금 염파를 대신하게 하였다. 염파가 노하여 무양군을 공격하니 무양군이 도망하였다. 염파는 나가서 위로 달아났는데 오래 되어도 위에서는 그를 믿고 쓰지를 않았다.

조의 군사가 자주 진에게서 피곤하게 되자, 조왕이 다시 염파를 찾으려고 생각하였고 염파도 또한 조에서 다시 등용될 것으로 생각하였다. 조왕이 사자로 하여금 염파가 아직도 쓸 수 있는지 여부를 살펴보게 하였다. 염파의 원수인 곽개(郭開)가 사자에게 많은 금(金)을 주고 그를 헐뜯게 하였다.

염파는 사자를 보자 한 말의 쌀밥과 고기 열 근을 먹고 갑옷을 입고 말에 올라서 아직도 충분히 힘을 쓸 수 있음을 보여 주었다. 사자가 돌아가서 보고하였다.

"염 장군은 비록 늙었어도 오히려 밥을 잘 먹었습니다. 그러나 신과 앉아 있으면서 세 번이나 화장실에 갔습니다."

조왕은 그를 늙은 것으로 여기고 드디어 부르지 아니하였다. 초인(楚人)이 몰래 사람을 시켜서 그를 영접하였다. 염파는 한번 초의 장수가 되었으나 공로를 세운 것이 없었는데, 말하였다.

"나는 조인(趙人)들에게 쓰일 것을 생각한다."

끝내 수춘(壽春, 초의 도읍, 안휘성 壽春)에서 죽었다.

## 원문

二年

1 麃公將卒攻卷 斬首三萬.

2 趙以廉頗爲假相國 伐魏 取繁陽. 趙孝成王薨 子悼襄王立 使武襄君樂乘代廉頗. 廉頗怒 攻武襄君; 武襄君走. 廉頗出奔魏; 久之 魏不能信用. 趙師數困於秦 趙王思復得廉頗 廉頗亦思復用於趙. 趙王使使者視廉頗尙可用否. 廉頗之仇郭開多與使者金 令毁之. 廉頗見使者 一飯斗米 肉十斤 被甲上馬 以示可用. 使者還報曰:"廉將軍雖老 尙善飯; 然與臣坐 頃之三遺矢矣." 趙王以爲老 遂不召. 楚人陰使迎之. 廉頗一爲楚將 無功 曰:"我思用趙人!" 卒死於壽春.

【강목|절요】*

## 평설

 진 시황이 등극한 다음해에 일어난 일 가운데 국제적으로 가장 중요한 사건은 조나라의 명장 염파의 말로이다.

 염파는 전국시대에 진나라와 대결하면서 그 용감함을 드러냈고, 조나라의 두 기둥으로 염파와 인상여(藺相如)의 이야기는 전국시대를 수놓는 아름다운 설화로써 《자치통감》에서도 여러 차례 언급하였다. 그러한 명장이 조나라에서 더 이상 있을 수 없게 되어 위나라로, 다시 초나라로 달아나는 비운을 맞게 된다.

 조나라에서 쫓겨나게 된 것은 시대를 제대로 읽지 못한 조왕 때문이다. 조나라에서 효성왕이 죽고 난 후 새로 왕이 된 도양왕은 염파의 가치를 알지 못하고 인사조치 하였다. 염파가 아무리 용맹한 장수라고 하더라도 인사권을 가진 젊은 왕의 조치에 항거할 방법이 없었다.

 그리하여 염파는 위나라로 도망을 갔는데 조나라가 곤란한 상황이 되자 도양왕은 염파를 다시 조나라로 돌아오게 하려고 사자를 보낸다. 그러나 염파와 원한관계가 있는 곽개의 방해공

---

* 【강목】(강) 丙辰 (목) 秦二 楚十八 燕十 魏三十二 趙二十一 韓二十八 齊二十年 (강) 趙王薨廉頗犇魏 (목) 趙使廉頗伐魏 取繁陽 孝成王薨 悼襄王立 使樂乘代頗 頗怒攻之 遂出犇魏 魏不能用 趙師數困 王復思之 使視頗尚可用否 頗之仇郭開多與使者金 令毀之 頗見使者 一飯斗米 肉十斤 被甲上馬 以示可 用 使者還報曰 廉將軍老尚善飯 然與臣坐 頃之三遺矢矣 王遂不召 楚人迎之 頗一爲楚將 無功 曰我思用趙人 遂卒於楚 【절요】내용없음

작에 의하여 허무하게 무위로 끝난다. 곽개의 방해공작이 있을 것이라는 예상을 하지 못한 도양왕의 짧은 정치적 안목과 곽개의 사주를 받고 온 사자의 속마음을 예상하지 못한 염파의 단순하고 순수한 대응의 결과였다.

곽개는 염파를 제거하기 위하여 보이지 않는 손으로 형세를 조정해 나갔다. 도양왕의 사자를 자기의 보이지 않는 손으로 활용한 것이다. 그것을 알지 못한 도양왕과 염파는 모두 여지없는 패배자가 되었다.

도양왕의 사자를 맞이한 염파는 자기가 아직도 싸울 충분한 힘이 있다는 것을 과시하려고 어린애 같은 짓을 한다. 지나치게 음식을 많이 먹은 것은 한편으로는 아직 건재하다는 것을 보여주었지만 다른 한편으로는 약함을 드러내게 되었고, 그 약함은 의도와는 달리 부정적인 작용을 했다. 마찬가지로 도양왕은 자기가 보낸 사자의 속내를 모르고 염파에 대한 그의 보고를 제대로 파악하지 못했고 그 결과로 염파를 기용하지 아니한다.

초기의 승자는 곽개였다. 그는 자기의 목적을 위하여 도양왕의 사자에게 염파를 다시 기용하지 못하도록 보고하게 하였다. 도양왕의 얕은 정치적 식견으로나 염파의 순진한 식견으로는 교활한 곽개를 감당하지 못하였다.

결과는 물론 조나라가 기울어져 갔지만 조나라를 지켜야할 도양왕과 염파는 그 능력이 부족했다. 곽개의 잘못보다 이들 두 사람의 수준이 모자람을 탓해야 할 것이다. 곽개 같은 인물은 언제나 어디에나 있게 마련이어서 충분히 경계했어야 했는데, 이를 못했기 때문이다.

염파는 초나라에 가서도 조나라를 사랑하는 마음이 변치 않았다. 단순히 우수한 군사 지휘력만을 가진 자가 아님이 분명하다. 그러나 이쯤 된다면 수준 높은 정치력도 함께 가지고 있어야 비로소 그 능력이 제대로 빛날 수 있다.

인사권자의 인사조치는 그 자체로 이미 정치적인 행위이다. 그리고 정치적인 행위는 긍정적인 면과 부정적인 면까지 모두 고려한 판단이어야 한다.

이해에 포공이 권(卷)이라는 지금 하남성에 있는 작은 지역을 공격하였다. 이 시기 역시 진(秦)나라의 대외확장세가 여전함을 보여 주는 사례로 남는다.

이 내용은 읽기에 따라서는 아주 중요하지만 《절요》에서는 모두 생략하고 만다. 《강목》에서는 《자치통감》과 거의 같이 기록했다.

# 조나라 명장 이목의 군사지휘 조건들

**원문번역**

시황제 3년(丁巳, 기원전 244년)

1 큰 기근이 있었다.
2 몽오가 한을 쳐서 12개 성을 빼앗았다.
3 조왕이 이목(李牧)을 장수로 삼아서 연을 치고 무수(武遂, 산서성 垣曲縣 부근)와 방성(方城, 하남성 方城縣 부근)을 빼앗았다.
 이목이란 사람은 조의 북방에 있는 훌륭한 장수인데, 일찍이 대(代, 하북성 蔚縣)와 안문(鴈門, 산서성 右玉縣 남쪽)에 살며 흉노를 방비하면서 편하고 마땅한 대로 관리를 두고 시장의 조세는 모두 군대의 막부(幕府, 大府)에 넣고서 사졸들을 위하여 소비하였는데, 매일 몇 마리의 소를 잡아서 군사들에게 먹이고, 말 타기와 활쏘기를 익히고 봉화(烽火)를 부지린히 올리고 간첩을 많이 보내면서 약속하여 말하였다.
 "흉노가 들어와서 도둑질을 하니, 급박하게 되면 성으로 거두어들여서 보존하라. 감히 포로를 잡은 사람이 있다면 참수하겠다."

흉노들이 매번 들어오면 봉화를 부지런히 올려서 번번이 거두어들이고 싸우지 않았다. 이와 같이 하여 몇 년을 지났지만 또한 잃어버린 것이 없었다.

흉노는 모두 겁쟁이라고 생각하고, 비록 조의 변방에 있는 군사라 하더라도 역시 우리의 장수는 겁쟁이라고 생각하였다. 조왕이 그를 나무랐으나, 이목은 여전하였다. 왕은 노하여 다른 사람으로 하여금 그를 대신하게 하였다.

1년여 동안에 여러 차례 나가서 싸웠으나 승리한 것이 없었고 잃고 없어진 것은 많았으며, 변방에서 농사와 목축을 할 수 없었다. 왕은 다시 이목을 초청하였는데 이목은 문을 닫고 병들었다고 하면서 나오지 않았다. 왕이 그를 억지로 일어나게 하니 이목이 말하였다.

"반드시 신을 쓰고자 하여 전처럼 하게 해주신다면 마침내 감히 명령을 받들겠습니다."

왕이 이를 허락하였다.

이목이 변방에 이르자 약속대로 하였다. 흉노들은 몇 년이 되어도 얻는 것이 없게 되었지만 끝내 겁먹은 것이라고 생각하였다. 변방의 사졸들은 매일 상을 받으면서도 쓰이지 않자 모두들 한 번 싸우기를 원하였다.

이에 마침내 전차 1천3백 승(乘)을 골라서 갖추고, 기마를 골라서 1만3천 필(匹)을 만들고, 백금(百金)의 상을 받을 만한 군사 5만 명과 활을 쏘는 사람 10만 명에게 모두 전투를 익히고는 기르는 가축을 크게 늘어놓고 인민(人民)들은 들에 널려 있게 하였다.

흉노의 작은 부대가 들어오자 거짓으로 패배하여 이기지 않고 수십 명을 그들에게 버렸다. 선우(單于)가 이 소식을 듣고 크게 많은 무리를 인솔하여 와서 들어왔다.

이목은 많은 기이한 진을 쳐서 좌우 날개를 벌려서 이들을 공격하여 이들을 대파하고 흉노 10여만 기를 죽였다. 담람(襜襤, 하북성 蔚縣의 북쪽)을 없애고 임호(林胡, 산서성 북부)를 항복시켰다. 선우는 급히 도망하여 10여 년 동안 감히 조의 변경에 가까이 하지 못하였다.

## 원문

三年

1 大饑.

2 蒙驁伐韓 取十二城.

3 趙王以李牧爲將 伐燕 取武遂·方城. 李牧者 趙之北邊良將也 嘗居代·雁門備匈奴 以便宜置吏 市租皆輸入莫府 爲士卒費 日擊數牛饗士; 習騎射 謹烽火 多間諜 爲約曰: "匈奴即入盜 急入收保. 有敢捕虜者斬!" 匈奴每入 烽火謹 輒入收保不戰. 如是數歲 亦不亡失. 匈奴皆以爲怯 雖趙邊兵亦以爲吾將怯. 趙王讓之 李牧如故. 王怒 使他人代之. 歲餘 屢出戰 不利 多失亡 邊不得田畜. 王復請李牧

李牧杜門稱病不出. 王強起之 李牧曰: "必欲用臣 如前乃敢奉令."
王許之. 李牧至邊 如約. 匈奴數歲無所得 終以爲怯. 邊士日得賞賜
而不用 皆願一戰. 於是乃具選車得千三百乘 選騎得萬三千匹 百金
之士五萬人 彀者十萬人 悉勒習戰; 大縱畜牧·人民滿野. 匈奴小入
佯北不勝 以數十人委之. 單于聞之 大率衆來入. 李牧多爲奇陳 張
左·右翼擊之 大破之. 殺匈奴十餘萬騎. 滅襜襤 破東胡 降林胡. 單
于奔走 十餘歲不敢近趙邊.

【강목|절요】*

## 평설

이 단락은 조나라의 명장인 이목이 흉노를 물리친 고사이다. 이목은 이 시기에 흉노를 대대적으로 격파한 명장이다. 조나라

---

* 【강목】(강) 丁巳 (목) 秦三 楚十九 燕十一 魏三十三 趙悼襄王 偃元 韓二十九 齊
二十一年 (강) 秦大饑 ○秦伐韓 取十二城 ○趙李牧伐燕 取武遂·方城 (목) 李牧者
趙北邊之良將也 嘗居代·鴈門備匈奴 以便宜置吏 市租皆輸莫府 爲士卒費 日擊數
牛饗士 習騎射 謹烽火 多間諜 爲約曰 匈奴入盜 則急收保 有敢捕虜者斬! 如是數歲
無所亡失 匈奴皆以爲怯 雖趙邊兵亦以爲吾將怯 趙王使人讓之 牧如故 王怒 使人代
之 屢出戰 不利 邊不得田畜 王復請李牧 牧稱病不出 王彊起之 牧曰 必用臣 臣如前
乃敢奉令 王許之 牧至如約 匈奴數歲無所得 終以怯 士日得賞賜而不用 皆願一
戰 乃選車騎習戰 大縱 畜牧人民滿野 匈奴小入 佯北 以數十人委之 單于聞之 大率
衆入 牧乃多爲奇陳 張左右翼擊之 大破 殺匈奴十餘萬騎 滅襜襤 破東胡 降林胡 單
于犇走 十餘歲不敢近趙邊 【절요】丁巳. 趙王以李牧爲將, 伐燕, 取武遂·方城. 李
牧者, 趙之北邊良將也, 嘗居代·鴈門, 備匈奴, 以便宜置吏, 市租皆輸入莫府, 爲士
卒費, 日擊數牛饗士; 習騎射, 謹烽火, 多間諜, 爲約曰:「匈奴卽入盜, 急入收保,
有敢捕虜者斬!」匈奴每入, 烽火謹, 輒入收保不戰. 如是數歲, 亦不亡失. 匈奴皆以
爲怯, 邊士日得賞賜而不用, 皆願一戰. 於是大破殺匈奴十餘萬騎. 滅襜襤, 破東胡,
單于犇走, 十餘歲不敢近趙邊.

조나라 영역(기원전 244년)

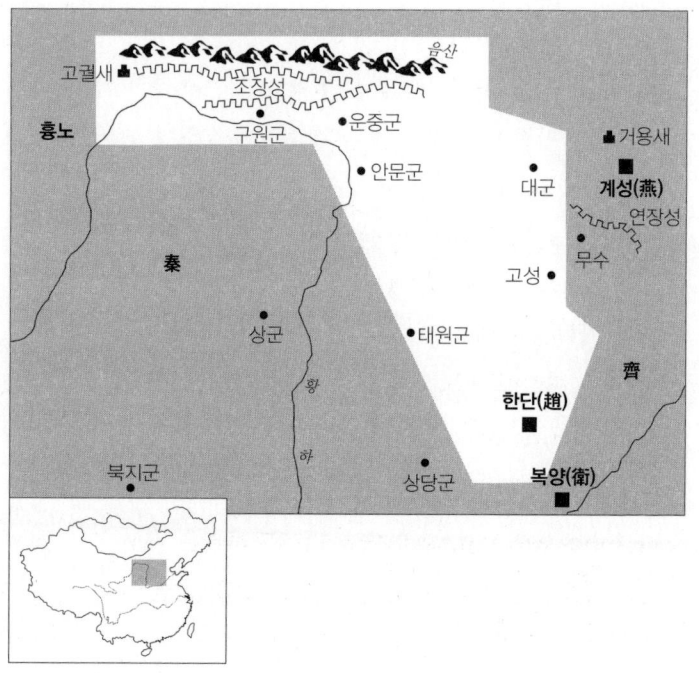

는 그 위치가 북쪽으로 흉노와 경계하고 있기 때문에 조나라에게 흉노 대책이 가장 중요한 국방대책이었다. 그래서 일찍이 무령왕 시기에 흉노의 복장과 기마술을 수입한 것으로 유명하다.

이목이 흉노와 마주하는 변방에 장수로 있으면서 흉노를 크게 격파하여 그 후 10여 년간 흉노가 조의 변경으로 침략해 오는 일이 없을 정도로 타격을 주었다.

그런데 이목이 명장이 된 것은 부대의 운영을 전적으로 그에게 맡겼기 때문이다. 1년전 조왕이 간섭하여 장수를 바꾸었다가 큰 실패를 한 이후 군대의 일을 전적으로 맡긴다는 약속을 하고 이목을 재기용하였다.

그리고 이목은 내부적으로는 병사들을 잘 대우하고 훈련도 잘 시키면서 단단히 준비를 하고 있었지만 적을 유인하기 위하여 겉으로 겁먹은 척 위장하였다. 이 전략이 주효하여 흉노는 조나라 변경에 들어 왔다가 씻기 어려운 대패를 하였다.

언제나 전쟁은 속이는 작업이다. 전투력을 기본으로 갖추어야 하지만 그 전투력을 효과적으로 사용할 수 있도록 적을 속여야 한다.

그런데 이러한 군사지휘자를 정치적으로 간섭한다면 강한 군대가 될 수 없다. 군사작전에도 정치적 결정이 필요하지만 전투에서는 정치가 간섭한다면 전력을 잃게 된다. 장군은 정치적 고려 없이 작전과 전투에 온 힘을 기울일 수 있어야 하고 강한 군대를 갖기 원하는 정치가라면 전투는 장군에게 맡겨야 한다. 이

진나라 영역(기원전 244년)

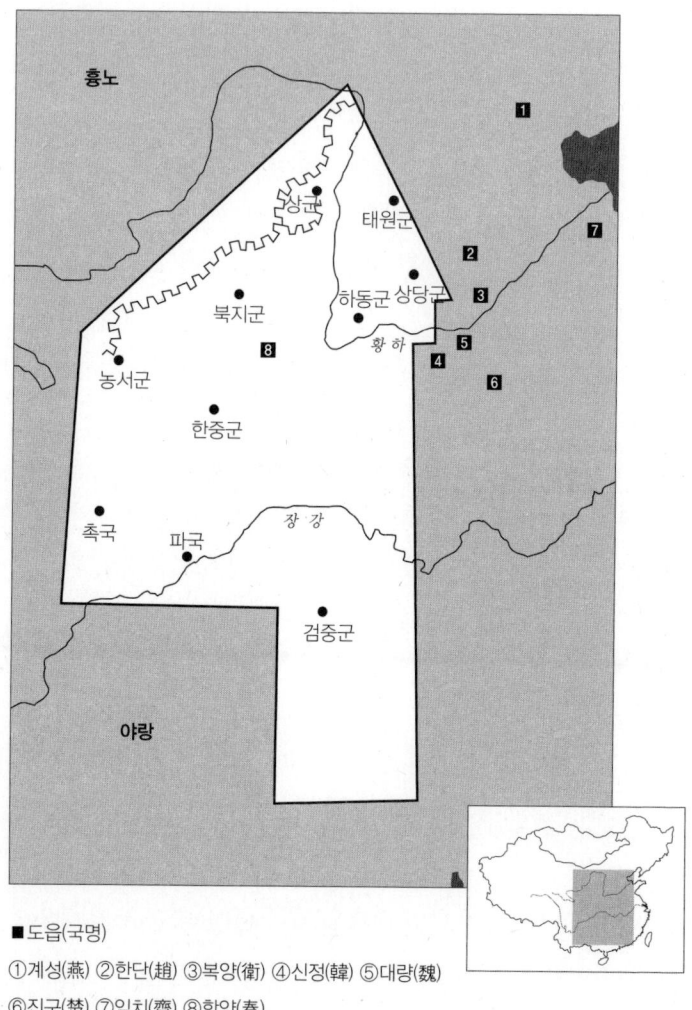

■도읍(국명)
①계성(燕) ②한단(趙) ③복양(衛) ④신정(韓) ⑤대량(魏)
⑥진구(楚) ⑦임치(齊) ⑧함양(秦)

목의 경우가 바로 이러한 경우이다.

《절요》와 《강목》에서는 비록 간략하게 다루기는 했지만 이목의 사건을 다루고 있다. 그만큼 이목의 장군으로서의 지휘력을 인정하는 것이고, 이목에게 간섭하지 않는 조왕의 태도도 의미 있는 것으로 보았기 때문일 것이다.

이해에 진나라는 큰 기근을 만났지만 그래도 이웃인 한나라를 공격하여 성을 12개나 빼앗았다. 진나라의 확장은 기근 속에서도 계속 되었다. 이 일을 《강목》에서는 기록하고 있지만 《절요》에서는 이를 생략하고 있다.

또한 《절요》에서는 후진기를 설정해 놓고 있기는 하지만 여전히 정사라는 60갑자의 기록 방법으로만 표시하고 진나라 정왕이 등극한지 3년이라는 표시를 하지 않고 열국시절의 기년방법을 쓰고 있다.

# 흉노와 경계지역에 진·조·연의 장성 쌓기

**원문번역**

이보다 먼저 천하에는 모자를 쓰고 허리띠를 두른 나라가 일곱이 있었으며, 그 중에서 세 나라의 변경은 융적(戎狄)과 맞닿아 있었는데, 진은 농(隴)의 서쪽에서부터 면제(綿諸, 감숙성 通渭縣)·곤융(緄戎, 犬戎을 말함)·적(翟, 감숙성 臨洮縣)·환(獂, 감숙성 隴西縣)의 융족이 있었고, 기산(歧山)·양산(梁山)·경수(涇水)·칠수(漆水)의 북쪽에는 의거(義渠)·대려(大荔, 섬서성 朝邑縣)·오지(烏氏, 감숙성 平凉縣)·구연(朐衍, 영하성 靈武縣)의 융족이 있었으며, 조의 북쪽에는 임호(林胡, 산서성 북부)·누번(樓煩)의 융족이 있었고, 연의 북쪽에는 동호(東胡, 산서성 북부)·산융(山戎, 하북성 북부에 사는 흉노의 한 가닥)이 있었는데, 각기 분산하여 계곡에 살면서 스스로 군장을 갖고 있었으나, 왕왕 모여드는 자들은 백여 개의 융족이 있지만, 그러나 서로 하나로 통일될 수는 없었다.

그 후에 의거(義渠)의 융족들은 성곽을 쌓고 스스로 지켰는데, 진이 조금씩 이를 잠식하여 혜왕(惠王, 1대) 시절에 이르러 드디어 의거의 25개 성을 뽑았다. 소왕(昭王, 3대) 시절에는 선태후(宣太后, 선왕의 모친)가 의거왕을 유혹하여 감천(甘泉, 섬서성 淳化縣)에서 그를 죽이고, 끝내는 군사를 내어서 의거를 쳐서 멸망시키고 농서(隴西, 감숙성 隴西縣)·북지(北地, 감숙성 寧縣)·상군(上郡, 섬서성 綏德縣)에서 시작하여 장성을 쌓고 호족을 막았다.

조의 무령왕(武靈王)이 북으로 임호(林胡, 산서성 북부)·누번(樓煩, 산서성 嵐縣)을 깨뜨리고 장성을 쌓아 대(代)에서부터 음산(陰山, 음산산맥)을 나란히 하여 내려가서 고궐(高闕, 陰山山脈)에 이르러 요새를 만들었다. 그리고 운중(雲中, 산서성 楡林縣)·안문(鴈門, 산서성 右玉縣 남쪽)·대군(代郡, 하북성 蔚縣)을 설치하였다.

그 후에 연의 장수 진개(秦開)가 호족에게 인질이 되었고, 호족들은 그를 아주 깊이 믿었는데, 돌아와서 동호(東胡, 내몽고)를 습격하여 깨뜨리니, 동호는 천여 리를 물러났다. 연도 또한 장성을 쌓았는데, 조양(造陽, 하북성 懷來縣)에서 시작하여 양평(襄平, 요령성 遼陽縣)에 이르는 사이에 상곡(上谷, 하북성 懷來縣)·어양(漁陽, 하북성 密雲縣)·우북평(右北平, 하북성 平泉縣)·요동군(遼東郡, 요녕성 遼陽縣)을 설치하여 호족을 막았다. 전국시대(戰國時代)의 말기에 이르자 흉노가 비로소 커졌다.

**원문**

先是 天下冠帶之國七 而三國邊於戎狄: 秦自隴以西有緜諸·緄戎·翟·豲之戎 岐·梁·涇·漆之北有義渠·大荔·烏氏·朐衍之戎; 而趙北

有林胡·樓煩之戎; 燕北有東胡·山戎; 各分散居谿谷 自有君長 往往而聚者百有餘戎 然莫能相一. 其後義渠築城郭以自守 而秦稍蠶食之 至惠王遂拔義渠二十五城 昭王之時 宣太后誘義渠王 殺諸甘泉 遂發兵伐義渠 滅之 始於隴西·北地·上郡築長城以拒胡. 趙武靈王北破林胡·樓煩 築長城 自代並陰山下 至高闕爲塞. 而置雲中·雁門·代郡. 其後燕將秦開爲質於胡 胡甚信之; 歸而襲破東胡 東胡却千餘里. 燕亦築長城 自造陽至襄平 置上谷·漁陽·右北平·遼東郡以拒胡. 及戰國之末而匈奴始大.

【강목|절요】*

## 평설

이 부분은 해설적 성격을 띤 것이다. 이목이 흉노를 물리친 사건을 계기로 흉노와 경계를 접하고 있는 진(秦), 조(趙), 연(燕)

---

*【강목】(목) 先是時 天下冠帶之國七 而秦趙燕邊於夷狄 諸戎亦各分散 自有君長 莫能相一 其後義渠築城郭以自守 而秦滅之 始於隴西北地上郡 築長城以拒胡 趙破林胡樓煩 築長城 自代並陰山下 至高闕爲塞 而置雲中鴈門代郡 燕破東胡 却地千里 亦築長城 自造陽至襄平 置上谷漁陽右北平遼東郡 及戰國之末而匈奴始大. (강) 魏公子無忌卒 (목) 秦旣敗於河外 使人行萬金以間信陵君 求得晉鄙客 令說魏王曰 公子亡在外十年矣 今復爲將 諸侯皆屬 天下徒聞信陵君不聞魏王矣 秦王又數使人賀信陵君 得爲魏王未也 魏王信之 使人代將 於是信陵君謝病不朝 日夜以酒色自娛 四歲而卒 韓王往弔 其子榮之 以告子順 子順曰 禮 鄰國君弔 君爲之主 今君不命子 則子無所受韓王矣 其子辭之【절요】○是時, 天下冠帶之國七, 而三國邊於戎狄. 秦滅義渠, 始於隴西·北地·上郡, 築長城以拒胡. 趙武靈王北破林胡·樓煩, 築長城, 自代並陰山下, 至高闕爲塞. 其後燕破東胡, 却千餘里. 亦築長城以拒胡. 及戰國之末而匈奴始大.

세 나라가 흉노와 대결하면서 그들을 막기 위하여 각기 장성(長城)을 쌓고 있음을 설명하고 있다.

중원의 농경지역과 흉노의 유목지역을 구분 짓는 장성은 전국시대에 이미 자연발생적으로 생겼었다. 이른바 진(秦)장성, 조(趙)장성, 연(燕)장성이며, 이것은 후에 진이 6국을 통일한 후에 만리장성을 정리하는 기본적인 틀이 된다고 볼 수 있다.

이 세 나라의 장성은 기원전 244년에 완성되었으며, 이는 자연발생적인 현상으로 나타난 것이다. 지구의 기후 조건에 따라서 신석기시대 이후로 농경이 가능한 지역과 목축이 발달한 지역으로 나뉘는 것은 자연적인 현상이다.

전국시대로 오면서 흉노들이 사는 유목지대와 농경문명을 가진 진(秦), 조(趙), 연(燕)은 어쩔 수 없이 상호충돌하거나 교류하게 된다. 왜냐하면 유목지대의 생활은 이동이 전제되는 데 비하여 농경지대는 정착 생활이 주이기 때문이다.

뿐만 아니라 농경지대에는 항상 창고가 있어야 하는 특성을 지닌 반면에 유목지대에서는 이동이 일상화되어 있다. 이 서로 다른 문명이 접합하는 지역은 자연스럽게 자연 환경적으로 강우량과 연관되어 있다. 그래서 15인치 등우선(等雨線)의 논리도 나온 것이다.

아직 진이 6국을 통일하기 이전에 진(秦)지역과 흉노들의 접합지역은 농(隴)의 서쪽에서부터 면제(綿諸, 감숙성 通渭縣)·곤융(緄戎, 犬戎을 말함)·적(翟, 감숙성 臨洮縣)·환(獂, 감숙성 隴西縣)의 융족이 있

**서북 만족 부락도(기원전 4세기~기원전 3세기)**

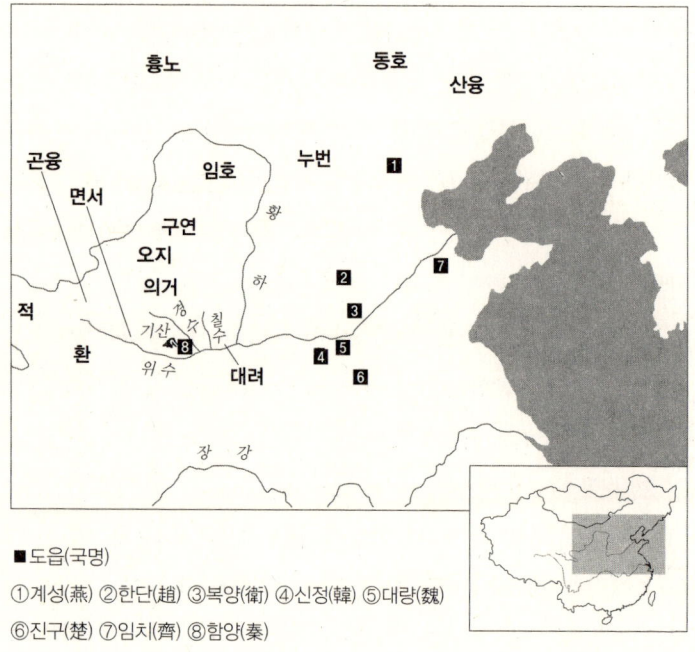

■ 도읍(국명)
① 계성(燕) ② 한단(趙) ③ 복양(衛) ④ 신정(韓) ⑤ 대량(魏)
⑥ 진구(楚) ⑦ 임치(齊) ⑧ 함양(秦)

었고, 기산(歧山)·양산(梁山)·경수(涇水)·칠수(漆水)의 북쪽에는 의거(義渠)·대려(大荔, 섬서성 朝邑縣)·오지(烏氏, 감숙성 平凉縣)·구연(朐衍, 영하성 靈武縣)이고, 조와 흉노의 접합지역은 임호(林胡, 산서성 북부)·누번(樓煩, 산서성 嵐縣), 대(代)에서 음산(陰山, 음산산맥)을 나란히 하여 내려가서 고궐(高闕, 陰山山脈)에 이르는 지역이다.

가장 동쪽에 있는 연나라와 북쪽 흉노와 접합하는 지역은 조양(造陽, 하북성 懷來縣)에서 시작하여 양평(襄平, 요령성 遼陽縣)에 이르는 사이에 상곡(上谷, 하북성 懷來縣)·어양(漁陽, 하북성 密雲縣)·우북평(右北平, 하북성 平泉縣)·요동군(遼東郡, 요령성 遼陽縣)으로 연결되는 선이다.

이 세 나라의 장성을 연결해 보면 통일국가가 계획하여 만든 것이 아닌데도 장성은 15인치 등우선과 연결된다. 역사를 자연환경과 결부하여 이해해야 하는 이유이다.

이렇게 세 나라가 흉노의 남하를 막기 위하여 장성을 쌓았는데, 이 장성은 결국 두 지역의 교류를 인위적으로 차단하는 결과를 가져 왔고, 이 때문에 흉노는 농경족의 공격을 받지 않고 독자적으로 커질 수 있는 기회가 생겼다고도 볼 수 있다.

한편 《강목》에서는 《자치통감》 장양왕 3년조에 기록된 신릉군 위무기의 죽음을 이해의 기사로 기록하였다. 사실 《자치통감》에서는 기원전 247년에 신릉군이 위나라에서 더 이상 영향력을 발휘할 수 없게 된 사건 말미에 4년 뒤에 죽었다고 기록하였다. 그 당시로 본다면 아직 일어나지 않은 일을 쓴 것인데,

**연나라 강역(기원전 244년)**

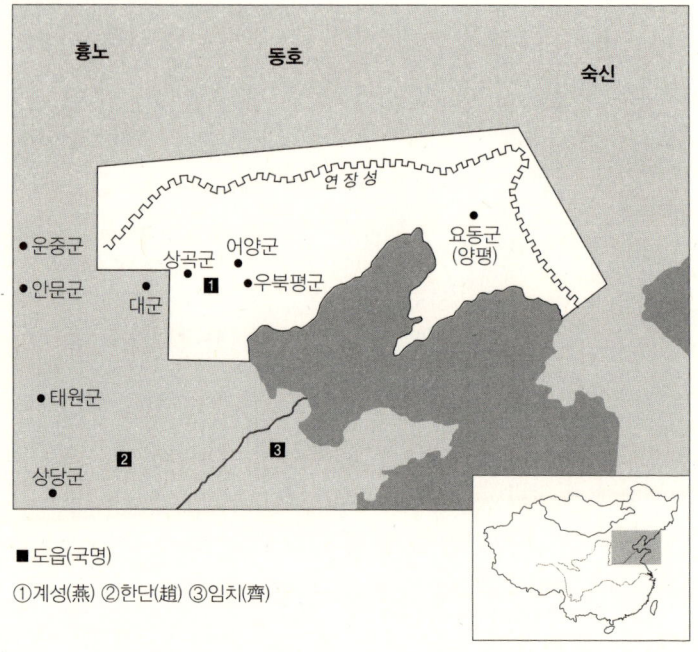

■도읍(국명)

①계성(燕) ②한단(趙) ③임치(齊)

그 이유는 신릉군이 실패하고 난 뒤에 벌어진 일을 함께 기록함으로써 독자들이 이해하기 좋게 하기 위함이다.

그런데 《강목》에서는 신릉군이 실패하고 나서 4년이 지나고 난 후인 죽은 해에 신릉군이 실패한 내용을 기록하였다. 이는 신릉군이 죽은 해를 맞추어 기록한 것은 맞지만 신릉군이 실패한 것은 4년 전의 일이다.

죽은 해에 죽게 된 4년 전의 원인을 기록하는 것이 맞는지 아니면 실패한 해에 실패한 것을 기록하고 그 결과로 4년 뒤에 죽은 것을 첨언하는 것이 좋은지는 보기에 따라 다를 수 있다. 그러나 《강목》에서 이 내용을 반드시 옮겨야할 이유를 제시한 것은 아니었다.

# 납속수작을 실시한 진(秦)

**원문번역**

　시황제 4년(戊午, 기원전 243년)

1  봄에 몽오가 위를 쳐서 창(暢, 현재의 지명 모름)·유궤(有詭, 현재의 지명 모름)를 빼앗았다. 3월에 군사행동을 그쳤다.
2  진이 보낸 인질인 아들이 조로부터 돌아왔고, 조의 태자는 나아가 그 나라로 돌아갔다.
3  7월에 메뚜기 떼가 일어났고 역질이 돌았다. 백성들로 하여금 곡식을 1천 석(石) 납부하게 하고 1급의 작위를 내려주었다.
4  위의 안희왕(安釐王, 4대)이 죽고, 그의 아들 경민왕(景湣王, 5대)이 섰다.

**원문**

　四年

1  春 蒙驁伐魏 取暢·有詭. 三月 軍罷.

2 秦質子歸自趙 ; 趙太子出歸國.

3 七月 蝗·疫. 令百姓納粟千石 拜爵一級.

4 魏安釐王薨 子景湣王立.

【강목|절요】*

### 평설

　진 시황제가 등극한지 4년이 되는 무오년에 진나라에서는 이웃하는 위나라를 공격하여 땅을 빼앗았고, 그 때문인지 안희왕이 죽고 그 아들 민왕이 등장한다. 진나라에서는 흉년문제를 해결하기 위하여 납속배작(納粟拜爵) 제도를 새롭게 창안한다. 정부에서 경제적으로 여유 있는 사람에게 곡식을 바치게 하고 그 대가로 작위를 준 것이다.

　이 제도는 경제적 부의 가치를 단순히 먹고 마시는 데 넉넉하여 향유하는 정도를 넘어서 사회적으로 대우를 해 주는 결과를 초래 하였다. 따라서 돈을 번다는 것은 가치 있는 것이라는 인식을 심어 주기에 충분하였고, 이러한 제도가 진(秦)이 부강하게 될 수 있었던 원인의 하나가 되었다. '열심히 일하라, 그러하면 돈도 벌고 그것은 사회적으로 신분적으로 대우를 받을 수 있다.'라는 메시지를 전해 준 것이다.

---

* 【강목】(강) 戊午 (목) 秦四 楚二十 燕十二 魏三十四 趙二 韓三十 齊二十二年 (강) 春秦伐魏 取暘有詭 ○秋七月 秦蝗疫 令民納粟拜爵 【절요】 내용없음

돈으로 작위를 살 수 있는 제도가 옳은가 아닌가는 생각에 따라서 판단이 달라질 수 있다. 특히 유가적 도덕관에 의하면 돈으로 작위를 살 수 있다는 것은 작위의 가치를 떨어뜨리는 것이고, 사회의 신분제 질서를 무너뜨리는 제도라고 비판할 수도 있다.

 그러나 그것은 사회란 변하는 생물체이며 한 틀 안에 갇혀 있는 것은 유지가 아니라 퇴보일 수 있다는 것을 간과한 시각이다. 그러므로 진(秦)이 과감하게 과거의 사상을 바꾸는 제도적 작업을 했다고 할 수 있다.

 이는 역사적으로는 중요한 변화의 싹이 나타난 것인데, 《절요》에서는 이 싹을 간과하고 중요하게 보지 않았다. 그래서 이 사실을 생략하고 만 것이다.

# 동진하는 진, 대책 없는 제후국들

**원문번역**

시황제 5년(己未, 기원전 242년)

1 몽오가 위를 치고 산조(酸棗, 하남성 延津縣 북쪽)·연(燕, 延津縣 동쪽)·허(虛, 延津縣 경계 지역)·장평(長平, 하남성 西華縣)·옹구(雍丘, 하남성 杞縣)·산양(山陽, 산동성 金陽縣) 등 30개 성을 빼앗았고, 처음으로 동군(東郡)을 설치하였다.

2 처음에, 극신(劇辛)은 조에 있으면서 방훤(龐煖)과의 사이가 좋았는데, 이미 그러하였지만 연(燕)에서 벼슬을 하였다. 연왕은 조가 자주 진에게 어려움을 당하는데, 염파가 떠나고 방훤을 장수로 삼은 것을 보자, 그 나라가 피폐한 것을 이용하여 이를 공격하고자 하여서 극신에게 물었다.

극신이 대답하였다.

"방훤은 쉽게 상대할 수 있을 것입니다."

연왕이 극신으로 하여금 거느리고 조를 치게 하였다. 조의 방훤이 막아서 극신을 죽이고, 연의 병사 2만을 빼앗았다.

3 제후들이 진의 공벌이 그칠 새가 없음을 걱정하였다.

## 원문

五年

1 蒙驁伐魏 取酸棗·燕·虛·長平·雍丘·山陽等三十城; 初置東郡.
2 初 劇辛在趙與龐煖善 已而仕燕. 燕王見趙數困於秦 廉頗去而龐煖爲將 欲因其敝而攻之 問於劇辛 對曰: "龐煖易與耳!" 燕王使劇辛將而伐趙 趙龐煖禦之 殺劇辛 取燕師二萬.
3 諸侯患秦攻伐無已時.

【강목│절요】*

## 평설

진의 동진(東進)은 계속되었다. 진나라의 장수 몽오가 그 동쪽에 있는 위나라를 공격하여 30개의 성을 빼앗고 그 자리에 동군을 설치하였다. 물론 《강목》에는 30개 성을 20개 성으로 썼지만 동군을 설치한 내용은 같다.

원래 주(周)는 봉건제후국을 세웠지 군(郡)을 두지는 않았다. 물론 전방 변경지역의 전투상황이 벌어지는 특수한 경우에는 중앙에서 효과적으로 대응하기 위하여 직할지를 두고 이를 군

---

*【강목】 己未 秦五 楚二十一 燕十三30 魏景閔王增元 趙三 韓三十一 齊二十三年 秦伐魏 取二十城 置東郡 【절요】 내용없음

(郡)으로 한 일이 있다.

그러므로 군은 중앙정부가 직접 관할하는 행정구역 혹은 군사구역을 말하였고, 그 책임자에게 재정권까지 주었었다. 앞에서 보았던 진, 조, 연이 흉노를 막기 위하여 변방에 군을 설치한 예가 이에 해당한다고 할 것이다.

그러나 이 시기에 오자 진은 변경, 즉 북방민족과의 대결이 벌어지는 지역이 아닌 곳에 군(郡)을 설치하기 시작했다. 그 동쪽에 있는 위나라의 영토를 빼앗고 그 지역에 동군을 두어 직할지로 만든 것이다.

이것이 향후 모든 지역에 확대된다면 진의 영역에는 봉건제도가 아닌 군현제도가 실시되어 모든 지역이 진의 중앙정부의 직접 지배하에 들어가게 된다. 그 단초가 이해에 나타난 것이다.

이러한 사실을 알게 된 진 이외의 여러 나라들이 진나라의 공벌이 수시로 나타나고 있는 것에 대하여 걱정하기 시작하였다는 해설적 기사를 《자치통감》은 싣고 있다.

그러나 《강목》은 이러한 해설기사를 생략하였고, 《절요》는 이 기록 자체를 생략해 버려서 《절요》를 가지고는 국제 정세가 어떻게 변화하는지를 알 수 없다.

또한 이렇게 진의 공략이 계속되는데, 이를 걱정만 할 뿐 여러 나라들이 효과적으로 대응할 준비를 하지 못하고 있다. 오히려 연은 전체를 보지 못하고 조에서 연으로 온 극신에게 방훤과 원한관계를 이용하여 조를 공격하게 하는 근시안적 행동을 하고 있다.

　결국 극신은 죽고 연나라는 패배하였지만 결과적으로는 영역을 넓혀가는 진(秦)을 도운 결과를 가져온 셈이었다. 연왕과 극신이 국제적인 안목을 갖추지 못하고 개인감정에 치우친 행동을 하다가 가깝게는 그 전투에서 졌고, 멀리 보면 진의 공격을 받는 조를 어렵게 했다. 그뿐만 아니라 후에 연 자신이 진의 공격을 받게 된다.

# 5국 합종의 실패

**원문번역**

시황제 6년(庚申, 기원전 241년)

1 초·조·위(魏)·한·위(衛)가 합종하여 진을 치는데, 초왕이 이 합종의 수장이 되고, 춘신군이 일을 전적으로 맡아서 수릉(壽陵, 하남성 洛寧縣 부근)을 빼앗았다. 함곡관(函谷關, 하남성 靈寶縣 서남쪽)에 이르자 진의 군사가 나오니 5국의 군사가 모두 패하여 달아났다. 초왕이 춘신군을 나무라니, 춘신군은 이로써 더욱 멀어졌다.

관진(觀津) 사람 주영(朱英)이 춘신군에게 말하였다.

"사람들은 모두 초가 강했는데 그대가 이를 사용하여서 약해졌다고 합니다. 그것이 저 주영(朱英)에게서는 그러하지 않습니다. 돌아가신 임금의 시대에는 진이 초에게 잘하였고, 20년 동안 초를 공격하지 않았는데 왜 그렇습니까? 진은 맹액(黽阨, 하남성 信陽縣 동남쪽의 平靖關)의 요새를 넘어서 초를 공격하는 것이 편치 않았고, 또 두 주(周)에게 길을 빌린다고 하여도 한과 위를 등지고 초를 공격하는 것이 불가하였습니다.

지금은 그렇지 않습니다. 위는 조석 간에 망하게 되어 있어서 허(許, 하남성 許昌縣)·언릉(鄢陵, 하남성 鄢陵縣)을 아낄 수도 없게 되었고, 위가 땅을 베어 진에 주니, 진의 군사가 진(陳; 초의 도읍, 하남성 淮陽縣)에서 160리 정도 떨어진 곳에 있습니다. 신이 보는 것은 진·초는 매일 싸울 것으로 보입니다."

초는 이에 진을 버리고 도읍을 수춘(壽春, 안휘성 壽縣)으로 옮기고 명명하여 영(郢)이라고 하였다. 춘신군은 바로 오(吳, 大湖 유역, 강소성의 吳縣)에 책봉되어 재상의 일을 행사하였다.

2 진이 위(魏)의 조가(朝歌, 하남성 淇縣)와 위(衛)의 복양(濮陽, 衛의 도읍, 하남성 濮陽縣)을 뽑았다. 위(衛)의 원군(元君)이 그 지속(支屬)을 이끌고 야왕(野王, 하남성 沁陽縣)으로 이사하여 살면서 그 산을 막아서 위(魏)의 하내(河內)를 보위하였다.

## 원문

六年

1 楚·趙·魏·韓·衛合從以伐秦 楚王爲從長 春申君用事 取壽陵. 至函谷 秦師出 五國之師皆敗走. 楚王以咎春申君 春申君以此益疏. 觀津人朱英謂春申君曰: "人皆以楚爲强 君用之而弱. 其於英不然. 先君時 秦善楚 二十年而不攻楚 何也? 秦踰黽阨之塞而攻楚 不便; 假道於兩周 背韓·魏而攻楚 不可. 今則不然. 魏旦暮亡 不能愛許·鄢陵 魏割以與秦 秦兵去陳百六十里. 臣之所觀者 見秦·楚之日鬪

也." 楚於是去陳 徙壽春 命曰郢. 春申君就封於吳 行相事.

2. 秦拔魏朝歌及衛濮陽. 衛元君率其支屬徙居野王 阻其山以保魏之河內.

【강목|절요】*

## 평설

진의 동진(東進)으로 불안해 진 동방지역의 다섯 나라는 초나라를 중심으로 연합하여 진(秦)에 대항하기로 하였다. 예전에 소진(蘇秦)이 추진했던 6국합종에서 제(齊)가 빠지고 5국합종의 방법을 다시 시행해 보려고 시도한 것이다.

예전에는 조나라 중심으로 소진이 모든 것을 지휘하였는데, 이번 경우에는 초가 중심이 되었고, 전국 4공자 가운데 한 사람인 초의 춘신군 황헐이 이 연합군을 주관하였다.

처음에는 어느 정도 효과를 보아서 5국연합군이 함곡관에 이르렀다. 하지만 진나라 군사들이 출동하자 이 5국연합군은 붕

---

*【강목】(강) 庚申 (목) 秦六 楚二十二 燕十四 魏二 趙四 韓三十二 齊二十四年 (강) 楚趙魏韓衛合從以伐秦 至函谷 皆敗走 (목) 諸侯患秦攻伐無已時 故五國合從以伐之 楚王爲從長 春申君用事取壽陵 至函谷 秦師出 五國兵皆敗走 (강) 楚遷于壽春 (목) 朱英謂春申君曰 先君時 秦善楚 二十年不攻者 踰黽阨而攻楚 不便 假道兩周 背韓魏而攻楚 不可 今則不然 魏旦暮亡 不能愛許鄢陵 割以與秦 秦兵去陳百六十里 臣見秦楚之日鬪也 楚於是去陳 徙壽春 命曰郢 春申君就封於吳 行相事 (강) 秦拔魏朝歌及衛濮陽衛徙居野王 【절요】 庚申. 楚·趙·魏·韓·衛合從以伐秦, 楚王爲從長, 而春申君用事, 取壽陵. 至函谷, 秦師出, 五國之師皆敗走. 楚王以咎春申君, 春申君以此益踈.

궤되었다. 5국연합군이 비록 군사는 많았지만 각국이 서로 앞에 서기를 거부하는 바람에 성공하지 못한 것이다. 5국연합군의 실패는 이를 주도한 춘신군의 입지를 초나라에서 어렵게 만들었다.

이때에 주영이라는 사람이 춘신군에게 그 실패의 원인을 분석해 준다. 즉 20년 전과 현재의 상황이 다른 것을 일일이 지적한다. 시대가 바뀌었는데, 똑같은 방법의 합종책이 성공 못하는 것은 당연하다는 것이다.

그러한 점에서 본다면 춘신군이 비록 당시를 풍미한 인물이었지만 전체 국면을 보는 안목은 그다지 깊지 못하였던 것이다. 결국 춘신군은 그의 근거지를 동쪽으로 옮겨 오에 새로운 기틀을 마련하려고 하였다.

5국연합군의 공격을 물리친 진은 다시 그 동쪽에 있는 위(衛)를 공략하였고, 아주 작은 나라인 위는 도읍을 다시 동쪽으로 옮겨야 했다. 전체적으로 진의 동진에 따라서 초와 위의 도읍이 옮겨진 것이다.

《절요》에서는 이와 같은 내용을 대부분을 생략하였고, 특히 춘신군에게 그 실패의 원인을 설명한 주영의 논법을 통으로 생략하여 역사책을 무미건조한 것으로 만들고 있다.

# 진의 새로운 시작

**원문번역**

시황제 7년(辛酉, 기원전 240년)

1 위(魏)를 쳐서 급(汲, 하남성 汲縣)을 빼앗았다.
2 하태후(夏太后)가 죽었다.
3 몽오가 죽었다.

**원문**

七年

1 伐魏 取汲.
2 夏太后薨.
3 蒙驁卒.

【강목|절요】*

---

* 【강목】(강) 辛酉 (목) 秦七 楚二十三 燕十五 魏三 趙五 韓三十三 齊二十五年
(목) 秦伐魏 取汲 【절요】내용없음

**평설**

 이해에 벌어진 일로 눈에 띄는 것은 진이 그 동쪽에 있는 위를 공격하여 급(汲)을 빼앗을 것이다. 이것을 중요치 않게 보았음인지 《절요》에서는 모두를 생략하고, 《강목》에서는 진이 위를 공격한 사건만을 기록하였다.

 그러나 진에서는 그동안 정치적으로 중요한 위치에 있었다고 할 하(夏) 태후가 죽고, 무력의 중심이라고 할 몽오가 죽었다. 이들이 진에서 끼친 영향이나 국제관계에 미친 영향을 보면 중요한 사건임에 틀림없다.

 하 태후는 원래 진나라 후계자인 안국군(安國君)의 희첩이었고 그 사이에서 아들 이인(異人)을 낳았지만 이들 모자는 안국군에게 총애를 받지 못하였다. 그래서 이인은 조(趙)나라에 인질로 갔으며, 거기에서 여불위를 만나서 그의 도움으로 안국군의 정부인인 초나라 여인 화양부인의 양자로 들어가게 된다. 이 후 안국군이 효문왕이 되고 이어서 자초로 이름을 바꾼 이인은 그 뒤를 이어 장양왕이 되었다.

 이인이 장양왕이 되자 그 생모인 하희는 태후가 되었다. 그러한 점에서 하 태후는 일개 희첩의 신분에서 태후가 되어 진나라 권력 승계과정에서 중요한 자리를 차지했던 사람이자 새로운 강자로 등장한 사람이라고 할 수 있다.

 몽오는 진을 무력으로 떠 바치는 무장으로 진(秦)에서 상경(上卿)에 이른 사람이다. 그의 아들 몽무(蒙武)와 그 손자인 몽염(蒙

恬)과 몽의(蒙毅)는 모두 진의 명장이다. 진 왕조가 6국을 통일하는데, 대단히 중요한 기여를 한 셈이다.

그러나 이 몽씨 집안은 원래 제(齊) 출신으로 알려졌다. 전국시대에 각국이 경쟁을 하면서 우수한 인재를 영입하는 시대였음을 알 수 있는 대목이다. 제(齊)나라는 자기 나라 출신의 인재를 진(秦)에 빼앗긴 셈이고, 그 결과 제가 진에게 멸망하게 된 원인(遠因)을 여기에서 찾아 볼 수 있다. 그리고 이 몽씨는 대대로 진에서 중추적인 역할을 하였다.

이러한 점에서 하 태후와 몽오의 죽음으로 구세력이 물러가고 새로운 세력이 등장할 수 있는 계기가 마련되었다. 이러한 계기는 인위적으로 만들어진 것은 아니지만 이러한 기회를 진이 잘 이용하였다고 할 것이다.

# 친정에 나선 진 시황제

**원문번역**

시황제 8년(壬戌, 기원전 239년)

1 위(魏)가 조에 업(鄴, 하남성 安陽縣 북쪽)을 주었다.
2 한에서는 환혜왕(桓惠王, 4대)이 죽고, 아들 한안(韓安)이 섰다.

시황제 9년(癸亥, 기원전 238년)

1 위(魏)를 치고 원(垣, 산서성 垣曲縣)과 포(蒲, 산서성 隰縣 서북쪽)를 빼앗았다.
2 여름, 4월에 날씨가 추워서 백성들 가운데 얼어 죽는 사람이 있었다.
3 왕이 옹(雍, 섬서성 鳳翔縣)에서 묵었다.
4 기유일(17일)에 왕(王)이 관(冠)을 쓰고 칼을 찼다.
5 양단화(楊端和)가 위(魏)를 쳐서 연지(衍氏, 衍氏城은 하남성 정주시 북 15km 지점)을 빼앗았다.

## 원문

八年

1 魏與趙鄴.

2 韓桓惠王薨 子安立.

九年

1 伐魏 取垣·蒲

2 夏四月 寒 民有凍死者.

3 王宿雍.

4 己酉 王冠 帶劍.

5 楊端和伐魏 取衍氏.

【강목|절요】*

## 평설

진왕 정(政)이 여불위의 도움으로 13살에 즉위하여 20살이 되는 해이다. 이제 영정은 성인(成人)으로 공식적으로 인정받게 되고 점차 여불위에게 맡겼던 정치를 되돌려 받기 시작한다. 그러한 점에서 진 시황을 이해하고 진의 6국 통일을 염두에 둔다면 이해는 매우 중요한 해라고 할 수 있다.

---

*【강목】(강) 壬戌 (목) 秦八 二十四 燕十六 魏四 趙六韓三十四 齊二十六年 (강) 魏與趙鄴. (강) 癸亥 (목) 秦九 楚二十五 燕十七 魏五 趙七 韓王安元 齊二十七年 (강) 秦伐魏取垣蒲 夏四月 秦大寒 民有凍死者 ○秦王冠 帶劍 ○秦伐魏取衍氏【절요】내용없음

물론 진은 계속하여 이웃하는 위(魏)를 공격하여 그 영토를 조금씩 넓혀가는 일을 계속한다. 그런데 진 시황제가 되는 진왕 영정(嬴政)이 친정을 하게 되는 이 일을 《절요》에서는 기록하지 않고 있다. 그대로라면 합리적으로 역사의 변화 과정을 이해하기 어렵다.

 진 시황제가 성년이 되어 관례를 치루고, 직접 정치를 챙길 분위기가 마련되었다. 따라서 그동안 정치 일선에서 어린 왕을 대신하여 권력을 휘둘렀던 여불위가 점차 실각되는 모습을 보일 것이다.

 여불위가 진나라를 강하게 만들고, 영정을 왕위에 오르게 한 공로가 있지만 진 시황제가 성장함에 따라 하는 수 없이 일선에서 물러나야 한다. 이것이 역사이고, 정치다. 세월을 읽어야 하는 이유이다.

# 영정의 친정과 태후의 환관 노애

**원문번역**

6 애초에, 왕이 즉위했을 때에는 나이가 어렸고, 태후(太后)는 때로 문신후(文信侯)와 사사로이 정을 통하였다. 왕이 더욱 건장해지자 문신후는 일이 발각되어 화가 자기에게 미칠까 두려워하여 마침내 속여서 사인(舍人) 노애(嫪毒)를 환관으로 만들어서 태후에게 바쳤다. 태후가 그를 가까이하여 아들 둘을 낳으니, 노애를 장신후(長信侯)로 책봉하고 태원(太原, 산서성 태원시)을 애국(毒國)으로 하고, 정사는 모두 노애에게서 결정되었으며 객(客) 가운데 노애의 사인(舍人)이 되기를 원하는 사람이 아주 많았다.

왕 주위에 노애와 말다툼을 한 사람이 있었는데, 노애가 실제로는 환관이 아니라고 고하였더니 왕은 관리를 내려 보내 노애를 다스리게 하였다. 노애는 두려워하여 왕의 어새(御璽)를 고쳐서 군사를 일으켜서 기년궁(蘄年宮)을 공격하고자 하여 난을 일으켰다.

왕은 상국(相國)인 창평군(昌平君)과 창문군(昌文君)으로 하여금 군졸을 내어서 노애를 공격하게 하여 함양에서 싸웠고, 참수한 것이 수백이었는데, 노애가 패하여 도망하였으나 그를 잡았다.

가을, 9월에 노애의 삼족을 죽이고 그 무리들은 모두 차열(車裂)하고 집안을 멸족시켰으며, 사인들 가운데 죄가 가벼운 자는 촉(蜀, 사천성 成都市)으로 귀양 보냈는데, 무릇 4천여 가구였다.

태후를 옹(雍, 섬서성 鳳翔縣)에 있는 부양궁(萯陽宮)으로 옮기고 그 두 아들도 죽였다. 명령을 내렸다.

"감히 태후의 일을 가지고 간하는 사람은 그를 육시(戮屍)하여 죽이되, 그 사지를 잘라 대궐 아래에 쌓아놓겠다!"

죽은 사람이 27명이었다. 제의 객(客)인 모초(茅焦)가 알(謁)을 올리고 간하게 해달라고 청하였다. 왕의 사자가 그에게 말하였다.

"너는 무릇 대궐 아래 쌓인 것을 보지 못하였는가?"

대답하였다.

"신이 듣기로는 하늘에는 28개의 별자리가 있다고 합니다. 지금까지 죽은 사람이 27인이라는데, 신이 왔으니 정말로 그 숫자를 채우려고 할 뿐입니다. 신은 죽는 것을 두려워하지 않습니다."

사자가 달려 들어가서 이를 아뢰었다.

모초가 살던 읍의 사람들 가운데 같이 밥을 먹은 사람들이 모두 그들의 옷을 짊어지고 도망쳤다. 왕은 크게 노하여 말하였다.
"이 사람이 고의로 와서 나를 범하니, 빨리 불러다가 솥에다 그를 삶을 것인데, 어찌 대궐 아래에 쌓아둘 수 있겠는가?"
왕이 칼을 어루만지면서 앉아 있는데 입에서 바로 거품이 나왔다.
사자가 그를 불러서 들여오니, 모초가 천천히 걸어서 앞에 이르러서 두 번 절하고 일어나서 말하였다.
"신이 듣기로는 산 사람으로 죽기를 거리끼지 않는 사람이 있고, 나라를 가진 사람으로 망하는 것을 거리끼지 않는 사람이 있다고 하는데, 죽는 것을 꺼리는 사람은 살 수 없고, 망하는 것을 꺼리는 사람은 더 남아 있을 수 없다고 합니다. 죽고 살고, 살아남고 망하는 것은 성스러운 군주가 급히 듣고 싶어 하는 것인데, 폐하께서는 이러한 것을 듣고자 하십니까?"
왕이 말하였다.
"무엇을 말하는가?"
모초가 말하였다.
"폐하가 미치고 패역한 행동을 하고 있으면서도 스스로 알지 못하십니까? 가부(假父)를 차열(車裂)하시고, 두 동생을 자루에 넣어서 박살냈으며, 어머니를 옹(雍)으로 옮겨놓고, 간하는 선비들을 해치고 죽였으니, 걸·주(桀紂)의 행동도 여기에 이르지는 않았습니다. 이제 천하의 사람들이 이 말을 듣는다면 모두 기와가 깨지 듯 흩어져서 진을 향하는 사람이 없을 것이니, 신이 가만히 생각하건대 폐하를 위하여 이를 위험하다고 생각합니다. 신의 말은 마쳤습니다."

마침내 옷을 벗고 형틀에 엎드렸다.

왕이 전(殿)에서 내려와 손으로 스스로 그를 잡고 말하였다.

"선생, 일어나서 옷을 입고, 이제 바라건대 가르치는 일을 받아들이게 해주시오."

마침내 그에게 작위를 주어 상경(上卿)으로 하였다. 왕이 스스로 수레를 몰고 왼쪽을 비워놓고 가서 태후를 영접하여 함양(咸陽, 진의 도읍지)으로 돌아오니, 다시 모자(母子)는 처음처럼 되었다.

## 원문

6 初 王即位 年少 太后□時與文信侯私通. 王益壯 文信侯恐事覺 禍及已 乃詐以舍人嫪毐爲宦者 進於太后. 太后幸之 生二子 封毐爲長信侯 以太原爲毐國 政事皆決於毐; 客求爲毐舍人者甚衆. 王左右有與毐爭言者 告毐實非宦者 王下吏治毐. 毐懼 矯王御璽發兵 欲攻蘄年宮爲亂. 王使相國昌平君·昌文君發卒攻毐 戰咸陽 斬首數百; 毐敗走 獲之. 秋 九月 夷毐三族 黨與皆車裂滅宗; 舍人罪輕者 徙蜀 凡四千餘家. 遷太后於雍蘄陽宮 殺其二子. 下令曰: "敢以太后事諫者 戮而殺之 斷其四支 積於闕下!" 死者二十七人. 齊客茅焦

上謁請諫. 王使謂之曰: "若不見夫積闕下者邪?" 對曰: "臣聞天有二十八宿 今死者二十七人 臣之來固欲滿其數耳. 臣非畏死者也!" 使者走入白之. 茅焦邑子同食者 盡負其衣物而逃. 王大怒曰: "是人也 故來犯吾 趣召鑊烹之 是安得積闕下哉!" 王按劍而坐 口正沫出. 使者召之入 茅焦徐行至前 再拜謁起 稱曰: "臣聞有生者不諱死 有國者不諱亡 諱死者不可以得生 諱亡者不可以得存. 死生存亡 聖主所欲急聞也 陛下欲聞之乎?" 王曰: "何謂也?" 茅焦曰: "陛下有狂悖之行 不自知邪? 車裂假父 囊撲二弟 遷母於雍 殘戮諫士; 桀紂之行不至於是矣! 今天下聞之 盡瓦解 無嚮秦者 臣竊爲陛下危之! 臣言已矣!" 乃解衣伏質. 王下殿 手自接之曰: "先生起就衣 今願受事!" 乃爵之上卿. 王自駕 虛左方 往迎太后 歸於咸陽 復爲母子如初.

【강목|절요】*

---

* 【강목】 (강) 秋九月 秦嫪毐作亂 伏誅 夷三族 秦王遷其太后於雍 (목) 初 秦王卽位 年少 太后時時與文信侯私通 王益壯 文信侯恐事覺 及禍乃 以舍人嫪毐 詐爲宦者 進之 生二子 封毐爲長信侯 政事皆決扵毐 至是 有告毐實非宦者 王下吏治毐 毐懼 矯王御璽發兵為亂 王使相國昌平君 昌文君攻之 毐戰敗走 獲之 夷三族 遷太后扵雍萯陽宮 殺其二子 下令敢諫者死 諫而死者二十七人 斷其四支 積之闕下 齊客茅焦請諫 王大怒 按劍而坐口正沬出 趣召鑊欲烹之 焦徐至前 再拜謁起 稱曰 臣聞有生者不諱死 有國者不諱亡 諱死者不可以得生 諱亡者不可以得存 死生存亡 聖主所欲急聞也 陛下欲聞之乎 王曰 何謂也 焦曰陛下有狂悖之行 不自知邪 車裂假父 囊撲二弟 遷母扵雍 殘戮諫士 桀紂之行不至於是矣 今天下聞之 盡瓦解 無嚮秦者臣竊為陛下危之 臣言已矣 乃解衣伏質 王下殿 手接之 爵以上卿 自駕虛左方 迎太后 歸 復為母子如初【절요】내용없음

**평설**

　이 내용은 진왕 영정의 생모와 영정의 실제 생부인 여불위가 계속적인 사통(私通)을 하다가 영정이 성장하면서 여불위가 자기 대신 자기가 집에서 부리던 사인인 노애를 영정의 생모에게 소개 해주었던 데서 시작한다.

　환관으로 위장한 노애와 사통하던 영정의 생모인 하 태후는 두 명의 아들을 낳았고, 노애도 권력을 휘두르는 단계에 이르자 노애는 환관이 아니면서 진왕을 속인 것이라고 고발당했다. 위기를 감지한 노애가 난을 일으켰지만 진왕 영정에게 3족이 이멸되는 화를 당하였다. 영정은 그의 두 아들도 죽였으며, 태후인 어머니도 연금시켰다.

　이러한 진왕 영정의 조치가 잘 된 것인지 아닌지는 말하기 어렵다. 다만 이 조치를 영정의 개인 상황에서 본다면, 생모인 태후를 연금하였고, 노애는 비록 영정을 속이기는 했지만 자기 생모의 남편이므로 의붓아버지이고, 그의 두 아들은 영정에게는 이부동복(異父同腹) 형제이다.

　말하자면 가족의 범위에 있는 사람들을 죽이고 연금한 것이다. 그렇기 때문에 이에 대한 비판이 있었던 듯하다. 그리하여 이를 비난하는 사람들이 있었고, 그때마다 영정은 그들을 죽였다. 또한 이를 비난 하는 사람 역시 누구든 계속 죽이겠다고 선포까지 하였는데, 그런 상황 아래에서 죽은 사람이 무려 27명이나 되었다.

마지막으로 28번째로 모초라는 사람이 이를 비판하려 하자 진왕 영정은 이번에도 그를 죽이려고 했다. 그러나 모초가 가족까지 죽이는 사람에게는 누구도 오지 않을 것이며, 아무도 돕지 않는 제왕은 나라를 망칠 수밖에 없다고 설파했다. 그러자 영정이 태도를 바꾸어 태후를 다시 모셔왔다는 이야기이다.

이 이야기의 주제는 부모에 대한 효도이다. 효도는 모든 인간 판단의 기준이 된다는 논리이다. 사실 이 시대에 효도가 중요한 덕목으로 이해되었는지를 알 수는 없다. 그러나 이 이야기에서는 비록 부모가 잘못했다고 하여도 그것을 나무라거나 탓하지 않는 것이 효의 본질이라는 것을 말하고 있다.

이러한 설화를 하 태후가 죽은 시점에서 그 전에 있었던 일을 역사 속에 집어넣는 것은 필자의 철학이 숨겨져 있는 것으로 보아야 한다. 즉 《자치통감》의 편자인 사마광의 철학으로는 부모에 대한 효는 절대적이어야 한다고 말하고 싶었던 것이다.

이에 대해 《절요》에서는 이 내용을 생략하였지만 유가적 지치주의에 입각하였던 주희도 사마광의 이 논리에 동의하고 《강목》에서는 일부만을 생략한 채 대부분을 남겨 두고 있다.

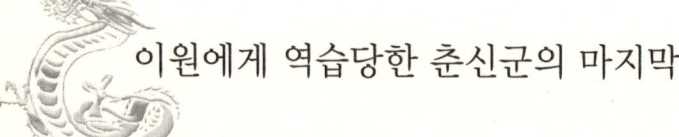
# 이원에게 역습당한 춘신군의 마지막

**원문번역**

7 초의 고열왕(考烈王, 23대)에게는 아들이 없어서 춘신군(春申君)이 이를 걱정하여 마땅히 아들을 낳을 만한 부인(婦人)을 구한 것이 아주 많았는데, 이를 올렸으나 끝내 아들이 없었다. 조인(趙人) 이원(李園)이 그의 누이동생을 데리고 이를 초왕에게 바치고자 하였지만 그가 아들을 낳을 수 없다는 말을 듣고, 오래되면 총애를 잃을까 두려워하여 마침내 춘신군의 사인이 되기를 청하였다. 이미 그리하고나서 뵙고 귀향하겠다 하고 고의로 기한을 맞추지 않고 돌아왔다.

춘신군이 물으니 이원이 말하였다.

"제왕(齊王)이 사람을 시켜서 신의 누이동생을 요구하였고, 그 사자와 더불어 술을 마셨으니 그러므로 실기(失期)하였습니다."

춘신군이 말하였다.

"빙폐(聘幣)는 들어왔는가?"

말하였다.

"아직은 아니하였습니다."

춘신군은 드디어 그녀를 받아들였다.

이미 그리하여 임신하게 되었는데, 이원은 그 누이동생으로 하여금 춘신군에게 유세하게 하였다.

"초왕이 그대를 가까이하고 귀하게 하여서 비록 형제도 그와 같지는 않을 것입니다. 이제 그대는 초의 재상을 20여 년 동안이나 하였는데, 왕에게 아들이 없으니, 바로 백세(百歲) 뒤에는 장차 형제로 바꾸어 세우게 될 것인데, 저들은 역시 각기 그 옛날부터 가까이 지내던 사람을 귀하게 할 것이고, 그대는 또 어떻게 이러한 총애를 늘 보존하시겠습니까?

그럴 뿐만이 아니라 그대는 귀하게 되어서 일을 전적으로 맡은 것이 오래이므로, 왕의 형제들에게 실례한 것이 많을 것이며, 형제가 서면 그 화가 또한 몸에 미칠 것입니다. 이제 첩이 임신을 하였고, 사람들 중에는 이를 아는 이가 없으며, 또 첩이 그대에게 온 지가 오래 되지 않았으니, 진실로 그대의 높은 지위로써 첩을 왕에게 바친다면 왕은 반드시 여기에 올 것입니다. 첩은 하늘에 의지하여 아들을 얻게 되면 이는 그대의 아들이 왕이 되는 것입니다. 초나라를 모두 다 얻을 수 있을 것이니 자신이 헤아리기 어려운 화에 다가가는 것과 어느 것을 하겠습니까?"

춘신군이 크게 그렇겠다고 생각하였다. 마침내 이원의 누이

동생을 내보내서 조심스럽게 묵게 하고, 이를 초왕에게 말하였다. 왕이 그를 불러 들여서 그에게 갔다가 드디어 아들을 낳았는데, 세워서 태자로 삼았다.

이원의 누이동생이 왕후가 되니 이원도 귀하게 되어 용사(用事)하고 춘신군이 그 말을 누설할까 두려워하여 몰래 죽음을 무릅 쓸 무사를 길러서 춘신군을 죽여 말할 입을 없애려고 하였는데, 그 나라 사람들이 자못 이 사실을 알았다.

초왕이 병들자, 주영이 춘신군에게 말하였다.

"세상에는 바라지 않던 복이 있고, 또한 바라지 않던 화도 있습니다. 이제 그대는 바라지 않던 세상에 처하게 되어서 바라지 않던 임금을 섬기게 되었는데 어떻게 바라지 않던 사람이 없을 수 있겠습니까?"

춘신군이 말하였다.

"무엇을 생각지도 못했던 복이라고 하오?"

말하였다.

"그대는 초의 재상을 20여 년이나 하였는데, 비록 이름은 상국이었지만 그 실제는 왕이었습니다. 왕은 이제 병들어서 조석 간에 죽을 것이고, 죽으면 그대는 어린 임금의 재상이 되고 이어서 나라를 맡게 될 것이지만 왕이 자라면 정권을 왕에게 반환하거나 아니면 즉시 드디어 남면(南面)을 하고 고(孤)라고 하게 되면 이는 바라지 않던 복이라고 말합니다."

"무엇을 바라지 않던 화(禍)라고 하오?"

말하였다.

"저 이원은 나라를 다스리지 못하고 있으니 그대의 원수인데, 군사를 만들지 않았으나, 죽음을 무릅 쓸 무사를 기른 날짜가 오래 되었습니다. 왕이 죽으면 이원은 반드시 먼저 들어가서 권력을 점거하고 그대를 죽여서 입을 막으려고 할 것이니, 이것이 이른바 바라지 않던 화입니다."

"누가 바라지도 않던 인물이라 하는 것이오?"

말하였다.

"그대가 신을 낭중(郎中)에 두시면 왕이 죽자 이원이 먼저 들어올 것인데, 제가 그대를 위하여 그를 죽이겠으니, 이것이 이른바 바라지 않던 인물입니다."

춘신군이 말하였다.

"족하(足下)는 그를 내버려두시오. 이원은 나약한 사람이고, 나 또한 그에게 잘 대하여 주었소. 또 어찌 여기에 이르겠소?"

주영은 말한 것이 쓰이지 않을 것으로 알고 두려워서 도망갔다. 그 뒤 17일이 지나서 초왕이 죽으니, 이원이 과연 먼저 들어와서 극문(棘門)안에 죽음을 무릅 쓸 무사를 숨겨놓았다. 춘신군이 들어오자 죽음을 무릅 쓸 무사가 그를 끼고 찔러서 그 머리를 극문의 밖에 던져버리고, 이에 관리들로 하여금 춘신군 집안사람들을 모두 체포하여 죽이게 하였다. 태자가 섰는데 이 사람이 유왕(幽王, 23대)이다.

## 원문

7 楚考烈王無子 春申君患之 求婦人宜子者甚衆 進之 卒無子. 趙人李園持其妹欲進諸楚王 聞其不宜子 恐久無寵 乃求爲春申君舍人. 已而謁歸 故失期而還. 春申君問之 李園曰: "齊王使人求臣之妹 與其使者飮 故失期." 春申君曰: "聘入乎?" 曰: "未也." 春申君遂納之. 旣而有娠 李園使其妹說春申君曰: "楚王貴幸君 雖兄弟不如也. 今君相楚二十餘年而王無子 卽百歲後將更立兄弟 彼亦各貴其故所親 君又安得常保此寵乎! 非徒然也 君貴 用事久 多失禮於王之兄弟 兄弟立 禍且及身矣. 今妾有娠而人莫知 妾幸君未久 誠以君之重 進妾於王 王必幸之. 妾賴天而有男 則是君之子爲王也. 楚國盡可得 孰與身臨不測之禍哉!" 春申君大然之. 乃出李園妹 謹舍而言諸楚王. 王召入 幸之 遂生男 立爲太子.

李園妹爲王后 李園亦貴用事 而恐春申君泄其語 陰養死士 欲殺春申君以滅口; 國人頗有知之者. 楚王病 朱英謂春申君曰: "世有無望之福 亦有無望之禍. 今君處無望之世 事無望之主 安可以無無望之人乎!" 春申君曰: "何謂無望之福?" 曰: "君相楚二十餘年矣 雖名相國 其實王也. 王今病 旦暮薨 薨而君相幼主 因而當國 王長而反政 不卽遂南面稱孤 此所謂無望之福也." "何謂無望之禍?" 曰: "李園不治國而君之仇也 不爲兵而養死士之日久矣. 王薨李園必先入 據權而殺君以滅口 此所謂無望之禍也." "何謂無望之人?" 曰: "君置臣郞中 王薨 李園先入 臣爲君殺之 此所謂無望之人也." 春申君曰: "足下置之. 李園弱人也 僕又善之. 且何至此!" 朱英知言不

用 懼而亡去. 後十七日 楚王薨 李園果先入 伏死士於棘門之內. 春申君入 死士俠刺之 投其首於棘門之外; 於是使吏盡捕誅春申君之家. 太子立是爲幽王.

【강목|절요】*

## 평설

춘신군은 전국시대 이른바 4공자(公子) 가운데 한 사람으로 당시 초(楚)의 기둥 노릇을 하였다. 그는 국제적으로 명성을 누렸으며 초를 위하여 많은 일을 하였다. 이러한 그는 그의 업적에 힘입어 초에서 실권을 장악했다. 비록 초나라의 왕이 될 수는 없었지만 초나라의 정치는 그를 중심으로 진행되었다.

그런데 문제가 있었다. 춘신군을 절대적으로 믿고 정치를 맡기는 고열왕에게는 후사가 없었다. 고열왕에게 정해진 후사가 없다는 것은 춘신군 황헐에게는 장차 위기가 될 수 있었다. 춘신군이 초나라에서 권력자이긴 하지만 최고의 권력자는 아니었

---

*【강목】(강) 楚王完薨 盜殺黃歇 (목) 楚考烈王無子 春申君求婦人宜子者進之甚衆 卒無子 趙人李園進其妹扵春申君 旣有娠 園使妹說春申君曰 楚王無子 卽百歲後 將更立兄弟 彼亦各貴其故所親 君又安得常保此寵乎 且君貴 用事久 多失禮扵王之兄弟 兄弟立 禍且及身矣 今妾有娠而人莫知 誠以君之重 進妾扵王 賴天而有男 則是君之子為王也 楚國可盡得 孰與身臨不測之禍哉 春申君 乃出之 謹舍而言諸王 王召幸之 遂生男 立為太子 園妹為后 園亦貴用事 恐春申君泄其語 陰養死士 欲殺春申君以滅口 國人頗有知之者 王病 朱英謂春申君曰 李園君之仇也 不為兵而養死士之日 久矣 王薨 必先入 擄權殺君以滅口 君若置臣郎中 王薨 園入 臣為君殺之 春申君曰 園弱人也 僕又善之 且何至此 英知言不用 懼而亡去 後十七日 王薨 園果先入 伏死士扵棘門之內 刺殺春申君 滅其家 太子立 是為幽王 【절요】내용없음

다. 그 최고의 권력자의 힘에 의지하여 권력을 누리는 사람이었다. 즉 춘신군은 달에 해당할 뿐 스스로 태양은 아니었다. 그래서 춘신군은 고열왕 이후의 권력자까지 자기 뜻대로 만들려고 하였지만 고열왕에게는 생산능력이 없었다.

이러한 상황에서 나타난 사람이 조나라 출신의 이원이었다. 이원은 자기의 누이동생을 춘신군에게 바치고, 그녀가 임신을 하자 이를 숨겨 고열왕에게 보내 그녀가 출산한 아이를 고열왕의 아들로 삼아서 초나라 왕으로 삼는 방법을 제시하였다. 춘신군도 이에 동의하였다.

이렇게 하여 일단 이원의 누이가 초왕의 왕후가 되자, 이원은 누이의 힘을 등에 메고 자기의 세력을 길러나갔다. 그러나 춘신군은 이를 경계하라고 하는 주영의 권고를 듣지 않았다. 이원이 과거에 자기의 심부름이나 하는 사인으로 있었던 것만 생각한 춘신군은 이를 간과하였다.

주영의 예상대로 고열왕이 죽자 정말로 이원이 길러 둔 자객이 춘신군을 죽였다. 그리고 실제로 춘신군의 아들인 유왕이 초나라 왕으로 즉위하였다. 그러나 그는 어렸고, 그의 아버지가 춘신군임을 알 수 없었으니, 권력은 조나라 출신의 이원에게로 넘어 갔다. 이것이 역사의 우연일까? 아니면 필연일까? 결과적으로 7국의 경쟁 속에서 초나라는 그 국력을 떨칠 수가 없게 되었다. 지극히 개인적인 권력욕이 나라를 망친 셈이었다.

이는 역사의 우연성을 말해주는 중요한 이야기이다. 그런데

《절요》에서는 이 사건을 생략하고 싶지 않았다. 말하자면 독자들은 초나라가 왜 그렇게 멸망할 수밖에 없었는지를 이해할 수는 없게 된 셈이다. 그것에 비해 《강목》에서는 그 대강을 기록해 두었다. 《절요》가 지나치게 줄이려 한 흔적이 보이는 대목이다.

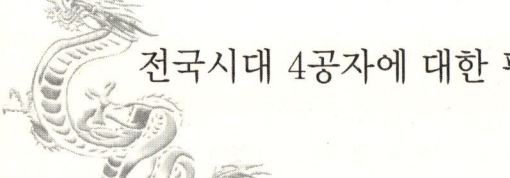

# 전국시대 4공자에 대한 평가

**원문번역**

양자(揚子)의 《법언(法言)》에서 말하였습니다.

어떤 사람이 물었다. '신릉군(信陵君)·평원군(平原君)·맹상군(孟嘗君)·춘신군(春申君)은 국가의 입장에서 도움이 있었는가?'

말하였다. '윗사람은 정권을 잃었고, 간신은 나라의 운명을 훔쳤는데, 어찌 그것이 이롭겠는가?'

**원문**

揚子法言曰: '或問信陵·平原·孟嘗·春申益乎?' 曰: '上失其政 姦臣竊國命 何其益乎!'

【강목|절요】*

---

* 【강목】 내용없음 【절요】 내용없음

**평설**

　전국시대 말기를 풍미하던 이른바 전국 4공자에 대한 양웅의 평론이다. 위나라의 신릉군 위무기(魏无忌, ?~기원전 243년)는 조나라가 위기에 빠졌을 때 위나라의 군대를 훔쳐가지고 조나라를 도와서 진의 공격을 막아냈다.

　그 후에 위나라가 진의 공격을 받았을 때에도 조나라에 망명 중에 있는 신릉군 위무기를 초청하여 적절하게 이를 막아냈으니, 그 명성이 대단하였다고 할 수 있다. 그러나 그는 진의 장양왕의 이간정책에 따라 위나라에서 실각하고 쓸모 없는 사람이 되었다가 죽는다.

　조의 평원군 조승(趙勝 ?~기원전 251년)은 조나라가 진으로부터 공격을 받았을 때에 초나라에 가서 동맹을 이끌어 냈고, 또 위나라 신릉군의 도움을 이끌어 냈다. 그리고 자기의 가재를 털어내어 결사대를 모집하여 한단의 위기를 구하는데 성공하였다. 그러나 그는 상당 땅을 요구하며 침략하는 진나라의 예봉을 조나라로 돌리기 위해 상당 땅을 조나라에 주겠다는 위나라의 약속이 국제적 술수였음을 간파하지 못하였다.

　그래서 평원군은 상당 땅 때문에 위나라가 받아야 할 진나라의 공격을 대신 받아서 조나라를 위기로 몰아넣었다. 그는 국제사회의 역학 관계를 제대로 짚지 못한 짧은 안목의 소유자였다. 결국 성공한 삶은 아니었다.

　제나라의 맹상군은 진나라에 갔다가 도망쳐 오는 과정에서 빈객 가운데 도둑과 닭울음소리를 잘 하는 사람을 이용하였다는 이야기가 유명하다. 특히 토끼는 살아남기 위하여 적어도 세 개의 소굴을 가져야 한다는 논리를 가진 명민한 사람이었다.

그러나 제의 민왕(湣王)이 송을 멸망시키고 맹상군을 죽이려 하자 위나라로 도망한 후, 위의 재상이 되어 연, 조, 위, 초, 진의 연합군을 만들어 제를 공격하여 거의 멸망한 상태에 이르게 하였다. 자기 개인에게 위해를 가했다고 하여 다른 나라를 이끌고 고국을 공격하였던 사람이니, 개인을 위해 고국을 팔아 먹었다고 할 수 있다.

이러한 사람들을 어떻게 평가할 것이냐? 양웅은 개인적으로 재주를 가지고 많은 곳에 영향을 미친 것은 사실이었지만 결과적으로 이들 때문에 그 위에 있던 왕들은 권력을 잃게 되거나 나라가 어렵게 되었고, 또 이들이 발호하는 틈을 이용하여 간신들이 나타나게 했다고 평가했다.

사마광 역시 이러한 양웅의 평가에 동의하였을 것으로 보인다. 그러기 때문에 이를 여기에 싣고 있는 것이다. 그러나 《절요》와 《강목》에서는 이러한 역사평가를 생략하고 넘어갔다. 자칫 개인적 이익을 위한 재주꾼에 대한 비판적 시각을 갖기 어려워진다는 점을 간과하였다고 할 것이다.

# 새로운 정책 축객령과 이사의 건의

**원문번역**

8 왕은 문신후(文信侯, 여불위)가 먼저 돌아간 왕을 받들었던 공로가 크다 하여서 차마 죽이지 못하였다.

시황제 10년(甲子, 기원전 237년)

1 겨울, 10월에 문신후(文信侯)가 재상에서 면직되자, 떠나서 그의 봉국(封國)으로 갔다.

종실의 대신들이 의논하여 말하였다.

"제후의 사람들로 와서 벼슬하는 사람들은 모두 그들의 임금을 위하여 유세하며 이간시키고 있을 뿐이니, 청컨대 이들을 모두 내쫓으십시오."

이에 크게 수색하여 객(客)을 내쫓았다. 객경(客卿)인 초인(楚人) 이사(李斯)도 역시 쫓겨 가는 속에 있었는데, 가면서 또한 편지를 올려 말하였다.

"옛날에 목공(穆公, 9대)은 선비를 구하는데, 서쪽으로는 융족(戎族)에서 유여(由余)를 얻었으며, 동쪽으로는 완(宛, 하남성 南陽市)에서 백리해(百里奚)를 얻었고, 건숙(蹇叔)을 송(宋)에서 영접하였으며, 진(晉)에서는 비표(丕豹)와 공손지(公孫支)를 찾아내서 20개의 나라를 합병하였고, 드디어 서융(西戎)에서 패권을 누렸습니다.

효공(孝公)은 상앙(商鞅)의 법을 써서 제후들이 가까이하고 복종하게 하였으며, 오늘에 이르러서 잘 다스려지고 강하게 되었습니다. 혜왕(惠王)은 장의(張儀)의 계책을 써서 6국의 합종책을 흩어버리고 이들로 하여금 진을 섬기게 하였습니다. 소왕(昭王)은 범수(范雎)를 얻어서 공실(公室)을 강하게 하고 사적 문벌을 막았습니다. 이 네 주군은 모두 객(客)의 공로로 하였습니다.

이로 본다면 객이 어찌하여 진에 손해가 된다는 말입니까? 무릇 여색(女色)·음악(音樂)·구슬[珠]·옥(玉) 같은 것은 진에서 산출되지 않을지라도 왕께서 입고 타는 것이 많지만, 사람을 뽑는 것은 그렇지 아니하니, 옳고 그른 것을 묻지 않고, 굽고 곧은 것을 막론하고 진 사람이 아닌 사람은 보내고 객이 된 자는 쫓아버립니다. 이는 중히 여기는 것이 여색, 음악, 구슬, 옥에 있고, 가벼이 여기는 것이 인민에 있는 것입니다.

신이 듣기로는 태산은 흙 한 덩어리라도 물리치지 않으니 그러므로 그렇게 크게 될 수 있었으며, 황하와 바다는 가는 시냇물이라고 하여도 가리지 않으니, 그러므로 그렇게 깊게 될 수가 있고, 왕이 된 사람은 많은 사람들을 물리치지 않으니 그러므로 그의 덕을 밝힐 수 있었는데, 이것이 오제(五帝)와 삼왕(三王)이 적을 없게 한 이유입니다. 이제 마침내 검수(黔首)들을 포기하여 적국에 도움을 주는 것인데, 빈객을 물리쳐서 제후들이 업적을 쌓게 하니, 이른바 도적에게 무기를 빌려주는 것이고, 도적에게 양식을 빌려주는 것입니다."

왕이 마침내 이사를 불러서 그 관직을 회복시켜주고, 축객의 명령을 철폐하였다. 이사는 여읍(驪邑, 섬서성 臨潼縣)에 이르렀다가 돌아왔다.

왕은 마침내 이사의 꾀를 써서 몰래 변사(辯士)들을 파견하여 금과 옥을 가지고 제후들에게 유세하게 하고 제후의 명사(名士)들 가운데 내려올 수 있는 사람은 재물을 후하게 주어 그들과 연결하게 하였고, 하려하지 않는 자는 예리한 칼로 찌르고, 그들의 군신을 이간시키는 계책도 쓰고, 그런 다음에 훌륭한 장수로 하여금 그 뒤를 이어 좇게 하니, 몇 년 사이에 끝내 천하를 겸병하였다.

## 원문

8 王以文信侯奉先王功大 不忍誅.

十年

1 冬 十月 文信侯免相 出就國.

宗室大臣議曰: "諸侯人來仕者 皆爲其主遊間耳 請一切逐之." 於是大索 逐客. 客卿楚人李斯亦在逐中 行 且上書曰: "昔穆公求士

西取由余於戎 東得百里奚於宛 迎蹇叔於宋 求丕豹·公孫支於晉 幷
國二十. 遂霸西戎. 孝公用商鞅之法 諸侯親服 至今治強. 惠王用張
儀之計 散六國之從 使之事秦. 昭王得范雎 強公室杜私門. 此四君
者 皆以客之功. 由此觀之 客何負於秦哉! 夫色·樂·珠玉不産於秦
而王服御者衆; 取人則不然 不問可否 不論曲直 非秦者去 爲客者
逐. 是所重者在乎色·樂·珠·玉而 所輕者在乎人民也. 臣聞太山不
讓土壤 故能成其大 河海不澤細流 故能就其深 王者不却衆庶 故能
明其德; 此五帝三王之所以無敵也. 今乃棄黔首以資敵國 却賓客以
業諸侯 所謂藉寇兵 齎盜糧者也."王乃召李斯 復其官 除逐客之令.
李斯至驪邑而還. 王卒用李斯之謀 陰遣辯士齎金玉遊說諸侯 諸侯
名士可下以財者厚遺結之 不肯者利劍刺之 離其君臣之計 然後使良
將隨其後 數年之中 卒兼天下.

【강목|절요】*

---

*【강목】(강) 甲子 (목) 秦十 楚幽王悍元 燕十八 魏六 趙八 韓二 齊二十八年 (강)
冬十月 秦相國呂不韋以罪免 出就國 (목) 秦王以不韋奉先王功大 不忍誅 免就國
(강) 秦大索逐客 客卿李斯上書 召復故官 遂除其令 (목) 秦宗室大臣議曰 諸侯人來
仕者 皆爲其主遊閒耳 請一切逐之 於是大索 逐客 客卿楚人李斯 亦在逐中 行且上
書曰 昔穆公取由余於戎 得百里奚扵宛 迎蹇叔於宋 求丕豹公孫支扵晉 幷國二十 遂
霸西戎 孝公用商鞅 諸侯親服 至今治彊 惠王用張儀 散六國從 使之事秦 昭王得范
雎 彊公室 杜私門 由此觀之 客何負扵秦哉 今乃不問可否 不論曲直 非秦者去 為客
者逐 棄黔首以資敵國 卻賓客以業諸侯 此所謂藉寇兵 而齎盜糧者也 臣聞泰山不讓
土壤 故能成其大 河海不擇細流 故能就其深 王者不却衆庶 故能明其德 此五帝三王
之所以無敵也 惟大王圖之 王乃召李斯 復其官 除逐客之令 卒用斯謀陰 遣辯士齎金
玉遊說諸侯 厚遺結其名士不可下者刺之 離其君臣之計 然後使良將將兵隨其後 數
年之中 卒兼天下 (강) 齊趙入秦置酒【절요】甲子. 宗室大臣諫曰:「諸侯人來仕者,
皆爲其主遊間耳, 請一切逐之.」於是大索, 逐客. 客卿楚人李斯亦在逐中, 行, 且上

## 평설

 진왕 영정을 진왕으로 만든 장본인인 여불위가 노애의 사건으로 실각하고 그의 봉국으로 돌아감으로써 정치적 권력의 중심이 이동하게 되었다. 그러자 그동안 여불위에게 눌려 있던 진의 종실들이 들고 일어났다.

 즉 조그만 나라인 위(衛)나라 출신인 여불위가 진나라에 들어와서 권력을 누렸고 그 결과 노애의 난 같은 일이 일어났다며 외국인 출신에 대한 반감을 겉으로 들어냈다. 외국인을 모두 내쫓아야 한다는 것이다.

 이에 진 시황제가 등극한 지 10년이 되는 해에 진(秦)에서는 중요한 정책을 결정해야 했다. 원래 진의 토박이라 할 종실 사람들은 여불위의 사건을 계기로 외국에서 온 사람들은 아무리 재주가 많아도 자기 본국을 생각하기 때문에 결국 진나라에 도움이 될 수 없다며 이들을 모조리 쫓아내야 한다고 주장하였다. 여불위 때문에 외국에서 온 다른 사람까지 쫓겨날 운명에 놓인 것이다.

---

書曰:「昔穆公求士, 西取由余於戎, 東得百里奚於宛, 迎蹇叔於宋, 求丕豹·公孫支於晉, 幷國二十, 遂霸西戎. 孝公用商鞅之法, 諸侯親服, 至今治彊. 惠王用張儀之計, 散六國之從, 使之事秦. 昭王得范雎, 彊公室, 杜私門. 此四君者, 皆以客之功. 由此觀之, 客何負於秦哉! 臣聞太山不讓土壤, 故能成其大; 河海不擇細流, 故能就其深, 王者不却衆庶, 故能明其德; 此五帝·三王之所以無敵也. 今乃棄黔首以資敵國, 却賓客以業諸侯, 所謂藉寇兵, 而齎盜糧者也.」王乃召李斯, 復其官, 除逐客之令. 卒用李斯之謀, 兼天下.

이러한 논리에 의거하여 진의 정왕은 축객령(逐客令)을 내린다. 그래서 진에 들어와 있던 다른 나라 출신들은 모조리 쫓겨나게 되었고, 그 바람에 초(楚)에서 온 객경(客卿)인 이사(李斯)도 쫓겨나게 되었다. 그는 쫓겨 가면서 축객령의 부당함을 편지로 써서 진왕 영정에게 보낸다.

이사는 편지에서 진(秦)나라가 이처럼 강하게 된 것은 외국으로부터 인재를 영입한 데서 시작한다고 하면서 진나라가 크게 되는데 기여한 외국으로부터 온 인물들을 열거한다. 유여(由余), 백리해(百里奚), 건숙(蹇叔), 비표(丕豹), 공손지(公孫支), 상앙(商鞅), 장의(張儀), 범수(范雎) 같은 사람을 열거한 것이다. 유능한 외국인을 쫓아낸다는 것은 진나라에게 유리한 것을 덜어내서 적국에게 보태주는 것이라고 하였다.

이 편지를 받은 진왕은 축객령을 거두고 이사를 채용하여 그의 정책에 의거하여 정치를 해 나갔다. 결국 이사의 정책을 실행하고 16년 뒤에 진은 6국을 병합하고 중국 역사상 최초로 통일천하를 이룩한다.

외국인을 수용할 것이냐 말 것이냐의 정책은 오늘날에도 여전히 논쟁거리가 되고 있다. 자국민의 일자리를 빼앗아 간다는 점에서 외국민의 국내 활동을 제한하자는 의견과 유능한 외국인을 받아들이는 것은 아주 싼 값에 유능한 인재를 이용할 수 있다는 점에서 보다 국가에 이익이 된다는 의견이 맞서고 있다.

결과적으로 진왕 영정은 수용하는 정책을 받아들인다. 요즈음 말로 본다면 국제화를 이룬 것이다.

이 단락에서 앞서 실각하게 되는 여불위의 사건을 《자치통감》에서는 진왕 9년조에 실은 데 대하여 《강목》에서는 10년조에 싣고 있고, 《절요》에서는 이 사건을 생략하고 있다. 또한 《강목》에서는 제나라와 조나라가 진(秦)에 들어가서 연회를 열었다는 기사를 싣고 있는데, 이 기록은 《자치통감》에도 없는 기록인데, 《강목》에서 특별히 기록하고 있다.

이에 관해서는 마땅히 산삭해야 한다고 주장하는 경우도 있고, 제나라와 조나라가 적국에 아부한 사실을 기록하여 제와 조를 비난하기 위한 것이라는 의견도 있다.

# 조나라가 기울어지게 되는 이유

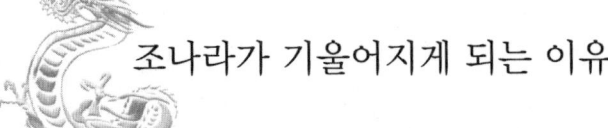

**원문번역**

시황제 11년(乙丑, 기원전 236년)

1 조인(趙人)들이 연을 쳐서 이양(狸陽, 현재의 지명 모름)을 빼앗았다. 군사를 아직 철수하지 않았는데, 장군 왕전(王翦)과 환기(桓齮)·양단화(楊端和)가 조를 쳐서 업(鄴, 하남성 安陽市의 북쪽)을 공격하고 9개의 성을 빼앗았다. 왕전은 알여(閼與, 산서성의 和順, 武鄕, 沁縣 일대)·요양(轑陽, 산서성 遼縣)을 공격하였고, 환기는 업·안양(安陽, 하남성 安陽市)을 빼앗았다.

2 조의 도양왕(悼襄王, 4대)이 죽고, 아들인 유요왕(幽繆王, 5대) 조천(趙遷)이 섰다. 그의 어머니는 창기(倡妓)였는데, 도양왕에게 총애를 받아서 도양왕이 적자 조가(趙嘉)를 폐(廢)하고 그를 세웠던 것이다. 조천은 본래 품행이 좋지 않은 것으로 온 나라에 소문이 났다.

## 원문

十一年

1 趙人伐燕 取貍陽. 兵未罷 將軍王翦·桓齮楊端和伐趙 攻鄴 取九城. 王翦攻閼與·轑陽 桓齮取鄴·安陽.

2 趙悼襄王薨 子幽繆王遷立. 其母 倡也 嬖於悼襄王 悼襄王廢嫡子嘉而立之. 遷素以無行聞於國.

【강목|절요】*

## 평설

　진 시황제 11년에 진나라는 조나라가 그 동북쪽에 있는 연나라를 공격하는 틈을 타 조나라를 공격하여 성 아홉 개를 빼앗는 등 전과를 올린다. 조나라가 군사를 동북쪽으로 옮기면 진(秦)이 있는 서쪽이 공백상태가 되는 국제적인 상황을 고려하지 못했다고 할 수 있다.

　이어서 조나라의 도양왕이 죽고 그 뒤를 이은 사람이 유요왕 조천인데, 조천이 뒤를 잇게 된 상황을 설명하고 있다. 도양왕이 창기인 조천의 어머니를 총애한 나머지 적자인 조가를 폐위시키고 조천을 세웠다. 조천의 사람됨에 대해서는 각국이 다투고 있는 상황에서 조나라를 이끌기에는 모자라는 사람이라는

---

* 【강목】(강) 乙丑 (목) 秦十一 楚二 燕十九 魏七 趙九 韓三 齊二十九年 (강) 趙伐燕 取貍陽 秦伐趙 取九城 ○ 趙王偃薨 (목) 子遷立 其母倡也 嬖於悼襄王 王廢嫡子嘉而立之 遷素以無行聞於國【절요】내용없음

것을 좋은 행실이 없다는 말로 대신 설명하고 있다. 다만 조나라가 진에 땅을 빼앗긴 것이 조천이 조왕에 등극한 뒤의 일인지 아닌지는 분명하게 기록하지 않았다.

그러나 이 사건을 보는 사람은 설사 도양왕이 살아 있다고 하여도 창기에게 마음이 빼앗겨서 후계자를 바꿀 정도의 인물이므로 제대로 정치를 못했을 것이고, 진에게 땅을 빼앗긴 것이 조천이 등극한 뒤라고 하여도 나라를 이끌 위인이 못되었다는 것을 알 수 있다. 조나라는 진에 땅을 빼앗기기 전에 이미 내치에 실패하고 있었던 것이다.

이 내용은 《절요》에서는 생략되어 조나라가 약하게 된 것은 외부 진나라 때문만이 아니라 내부적으로 이미 약화되고 있음을 알 수 없게 하였고, 《강목》에서는 간략하게 기록하고 있다.

# 여불위의 죽음과 평가

**원문번역**

3 문신후(文信侯 = 呂不韋)가 봉국(封國 = 하남성 洛陽)에 간 지 1년이 조금 넘었는데, 제후의 빈객들과 사자들이 길에서 서로 바라볼 수 있을 정도로 그를 청하였다.

왕은 그가 변란을 일으킬까 걱정하여 마침내 문신후에게 편지를 내려서 말하였다.

"그대는 진에 무슨 공로를 세워서 하남에 군(君)으로 책봉되고 10만 호를 식읍으로 하는가? 진과 얼마나 친하여 작은아버지[仲父]라고 불리는가? 그러니 가속들과 더불어 이사하여 촉(蜀, 사천성 成都市)에 사시오."

문신후는 스스로 조금씩 침탈해 오는 것을 알고 주살될까 두려워하였다.

시황제 12년(丙寅, 기원전 235년)

1 문신후가 짐독(鴆毒)을 마시고 죽으니 몰래 장사지냈다. 그의 사인(舍人)들 중에 찾아온 사람은 모두 쫓아내어 다른 곳으로

옮겼다. 또 말하였다.

"지금부터 나라 일을 조정하면서 부도(不道)한 것이 노애(嫪毐)나 여불위(呂不韋) 같은 사람은 그 집안을 등록하여 이를 감시해 볼 것이다."

양자(揚子, 揚雄)의《법언(法言)》에서 말하였습니다.

어떤 사람이 물었다. '여불위 그는 지혜로운 사람이겠지? 사람을 재물로 샀거든.'

말하였다. '누가 여불위를 지혜로운 사람이라고 하는가? 나라를 주고 종족으로 바꾸었다. 여불위의 도적질은 벽을 뚫고 들어가는 도적의 우두머리이다. 벽을 뚫고 들어가는 놈을 나는 담석(擔石)으로 보지, 낙양(雒陽)으로는 보지 않는다.'

### 원문

3 文信侯就國歲餘 諸侯賓客使者相望於道 請之. 王恐其爲變 乃賜文信侯書曰: "君何功於秦 封君河南 食十萬戶? 何親於秦 號稱仲父? 其與家屬徙處蜀!" 文信侯自知稍侵 恐誅.

十二年

1 文信侯飲酖死 竊葬. 其舍人臨者 皆逐遷之. 且曰: "自今以來 操國事不道如嫪毐·不韋者 籍其門 視此!"

揚子法言曰: 或問 "呂不韋其智矣乎? 以人易貨." 曰: "誰謂不韋智者歟! 以國易宗. 呂不韋之盜 穿窬之雄乎! 穿窬也者 吾見擔石矣 未見雒陽也."

【강목|절요】*

**평설**

　진왕 영정의 생부이면서 겉으로 중부(仲父)라고 불리었던 여불위가 실각하여 그의 봉국인 낙양으로 갔다. 노애의 사건이 있었지만 진왕 영정은 여불위가 진나라에서 재상으로 있으면서 세운 업적을 고려하여 죽이지는 않고 정치적 실권을 다 빼앗은 후 그 봉국으로 보낸 것이다.

　그러나 많은 사람들이 여불위를 찾아가서 왕래를 하는 것을 본 진왕 영정은 그가 세력을 형성할 수 있을 것이라고 생각하고 다시 촉(蜀) 지역으로 귀양을 보낸다. 권력을 잃은 것뿐만 아니라 낙양에도 있지 못하고 산악지대인 촉으로 쫓겨난 것이다. 여불위는 재기가 불가능하다고 감지하고 해가 바뀐 12년에 결국에 자살한다.

　진왕은 여불위가 죽은 후 그가 부리던 사람들이 찾아오자 문상하는 이들조차도 쫓아 보내면서 노애와 여불위 같이 나라의 정치를 휘두르는 사람이 있다면 그 집안을 모두 감시 하에 두겠다고 선포하였다. 이로써 진왕 영정은 모든 정치에 제왕인 자기

---

* 【강목】 (강) 丙寅 (목) 秦十二 楚三 燕二十 魏八 趙幽繆王遷元 韓四 齊三十年 (강) 秦呂不韋徙蜀自殺 (목) 不韋就國歲餘 諸侯使者請之相望扵道 王恐其爲變 賜不韋書曰 君何功扵秦封河南十萬戶 何親扵秦 號稱仲父 其徙處蜀 不韋恐誅 飮酖死
【절요】 내용없음

를 대신하는 사람이 있을 수 없다는 것을 확인하였다. 제왕의 절대적 독재정치를 선언한 것이다.

 이 사건은 한때 천하를 흔들었던 여불위의 실패에 대한 이야기이다. 그렇다면 이제 일개 상인으로써 술수로 천하를 뒤 흔든 여불위에 대하여 어떻게 평가할 것인가의 문제가 있다. 생각하기에 따라서 여불위를 지혜로운 사람으로 볼 수도 있는 상황이기 때문이다.

 이에 대하여 양웅(揚雄)은 그의 《법언》에서 자문자답의 형식으로 평론하였는데, 사마광이 이를 가져다 실었다. 양웅은 여불위를 지혜로운 사람이기는커녕 좀도둑 정도의 인물이라고 생각하였다. 사마광이 양웅의 글을 옮겨다 실은 것은 아마도 그의 의견에 동의한다는 뜻일 것이다. 전형적인 유가적 입장에서의 평론이다.

 그러나 《절요》에는 이 내용이 생략되었고, 《강목》에서는 12년조에 그 전해에 있었던 일까지 뭉뚱그려 기록하였고, 양웅의 논평도 싣지 않고 있다.

## 공격 목표가 된 조나라

**원문번역**

2 6월부터 비가 내리지 않았는데, 8월까지 계속되었다.

3 4개 군(郡)의 군사를 발동하여 위를 도와서 초를 쳤다.

시황제 13년(丁卯, 기원전 234년)

1 환기(桓齮)가 조를 쳐서 조의 장수 호첩(扈輒)을 평양(平陽, 산서성 臨汾縣 서쪽)에서 패배시키고 참수한 것이 10만이며 호첩을 죽였다. 조왕이 이목(李牧)을 대장군으로 삼아 의안(宜安, 하북성 藁城縣)·비하(肥下, 藁城縣의 서남쪽)에서 다시 싸우게 하니 진의 군사가 패하는 것이 쌓여 환기가 도망하여 돌아왔다. 조는 이목을 무안군(武安君)으로 책봉하였다.

시황제 14년(戊辰, 기원전 233년)

1 환기가 조를 쳐서 의안(宜安, 하북성 藁城縣)·평양(平陽, 산서성 臨汾縣 서쪽)·무성(武城, 하북성 臨漳縣 경계 지역)을 빼앗았다.

**진의 동서 조 공격로(기원전 236년~기원전 234년)**

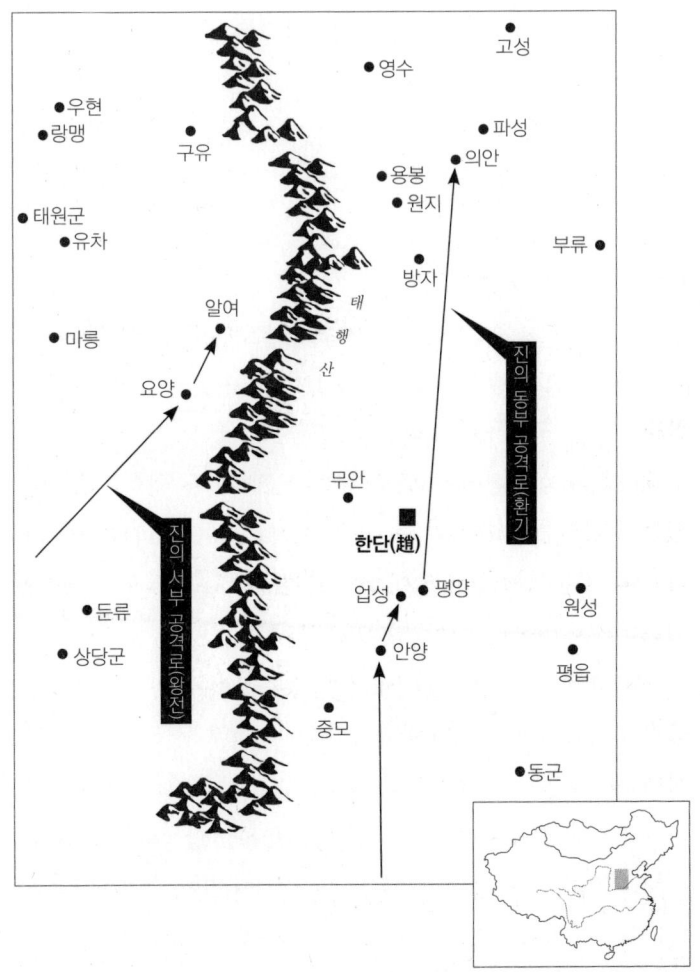

## 원문

2 自六月不雨 至於八月.

3 發四郡兵助魏伐楚.

十三年

1 桓齮伐趙 敗趙將扈輒於平陽 斬首十萬 殺扈輒. 趙王以李牧爲大將軍 復戰於宜安·肥下 秦師敗績 桓齮奔還. 趙封李牧爲武安君.

十四年

1 桓齮伐趙 取宜安·平陽·武城.

【강목|절요】*

## 평설

　진나라는 그 세력 범위를 계속 넓혀 가고 있다. 먼저 남쪽에 있는 초나라를 견제하기 위하여 이웃하는 위나라를 이용하였다. 위나라를 원조하여 초를 친 것이다. 그러나 그것은 북쪽에 있는 조나라를 치기 위한 선제 작업이었다.

　진이 조를 공격할 때에 초가 설사 진을 공격하려고 하여도 중간에 위나라가 적당히 이를 견제할 수 있기 때문에 위를 원조하여 위와 초가 연합하는 길을 미리 막은 것이다. 진의 고도의

---

* 【강목】 (강) 自六月不雨 至于八月 ○秦助魏伐楚 (강) 丁卯 (목) 秦十三 楚四 燕二十一 魏九 趙二 韓五 齊三十一年 (강) 秦伐趙 殺其將扈輒 趙以李牧為大將軍 復戰宜安 秦師敗績 (강) 戊辰 (목) 秦十四 楚五 燕二十二 魏十 趙三 韓六 齊三十二年 秦伐趙取宜安平陽武城 【절요】 戊辰

전략이다.

　이러한 작업을 한 다음 해에 바로 진은 조나라를 공격하였다. 물론 조나라에서도 이목이라는 대장군을 세워서 버텨 보려고 하였지만 결과적으로 조나라는 많은 영토를 진나라에게 빼앗겨야 했다. 거대한 국제정치에서 진이 앞서가고 있다고 할 수 있다.

　그런데 《절요》에서는 연도가 바뀐 표시만 했을 뿐, 이러한 국제정치와 진의 전략을 볼 수 있는 사건을 하나도 기록하지 않았다. 《강목》에서는 간략하게나마 이를 기록하여 진의 정책을 이해할 수 있게 하였다.

# 똑똑하기에 죽은 한비자

**원문번역**

2  한왕이 땅을 바치고 옥새(玉璽)를 바쳐서 번신(藩臣)이 되기를 청하자, 한비자(韓非子)로 하여금 와서 빙문(聘問)하게 하였다. 한비자라는 사람은 한의 여러 공자(公子) 가운데 한 사람으로 형명(刑名)과 법술(法術)에 관한 학문을 잘하였는데, 한이 땅을 깎이고 약해지는 것을 보고 자주 한왕에게 편지로 막고자 하였으나 왕이 채용하지를 않았다.

이에 한비자는 나라를 다스리는데 똑똑한 사람을 구하여 임용하는데 힘쓰지 않고, 도리어 들뜨고 음란하며 좀 같은 인물을 들어서 실제로 공로가 있는 사람의 위에다 올려놓고, 관대해지면 명예 있는 사람을 총애하고, 급해지면 갑옷 입은 무사를 채용하여, 길러지는 사람은 쓰이지 아니하고, 쓸 사람은 길러지지 않는다는 것을 가슴아파하였다.

청렴하고 강직한 사람은 거짓되고 굽은 신하들에게 용납되지 않음을 슬퍼하면서, 지나간 역사 속에서 득실의 변화를 살펴

보아서 〈고분(孤憤)〉·〈오두(五蠹)〉·〈내저(內儲)〉·〈외저(外儲)〉·〈세림(說林)〉·〈세잡(說雜)〉 등 56편(篇) 10여만 마디를 지었다.
왕이 그가 똑똑하다는 말을 듣고, 그를 보고자 하였다. 한비자는 한을 위하여 진에 사신으로 갔고, 이어서 편지를 올려서 유세하였다.
"이제 진의 땅은 사방으로 수천 리이고 군사는 명목으로 백만이라고 하며, 호령하고 상벌을 주는데, 천하는 이와 같지는 못합니다. 신은 죽음을 무릅쓰고 대왕을 알현하여 바라보기를 원하였으며 이제 천하의 합종하는 계책을 깨뜨리기 위하여 말씀드리겠습니다.
대왕께서 진실로 저의 말씀을 듣고, 한 번에 천하의 합종이 깨뜨려지지 않는다면, 조는 들어내지 않고, 한도 망하지 않으며, 형(荊)·위(魏)가 신하 노릇을 하지 않고, 제·연은 친해지지 않고, 패왕의 이름은 이루어지지 않거나 사방의 이웃 제후들도 조현(朝見)하지 않는다면, 대왕께서는 신을 참수하여 여러 나라에 돌리시고 왕을 위하여 충성스럽지 않은 것을 모의하는 사람에게 경계하십시오."
왕은 이를 기뻐하였으나, 아직 임용하지는 않았다.
이사가 질투하여 말하였다.
"한비자는 한의 여러 공자(公子) 가운데 한 사람입니다. 이제 제후들을 병탄하고자 하는데 한비자는 끝내 한을 위하고 진을 위하지 않을 것이니, 이것이 사람의 정리입니다. 이제 왕께서 등용하지 않고 오래 머물게 하다가 돌려보내면 이는 스스로 근심거리를 남기는 것이니, 법으로 그를 주살하는 것만 못합니다."

왕이 그럴 것이라고 생각하여 관리에게 내려 보내어 한비자를 다스리게 하였다.

또한 이사가 사람을 시켜서 독약을 한비자에게 주어 일찍 자살하게 하였다. 한비자가 스스로 진술하려 하였으나, 알현할 수가 없었다. 왕이 뒤에 가서 후회하고 사람들로 하여금 그를 사면하려 하였으나, 한비자는 이미 죽었다.

### 원문

2. 韓王納地効璽 請爲藩臣 使韓非來聘. 韓非者 韓之諸公子也 善刑名法術之學 見韓之削弱 數以書干韓王 王不能用. 於是韓非疾治國不務求人任賢 反擧浮淫之蠹而加之功實之上 寬則寵名譽之人 急則用介冑之士 所養非所用 所用非所養 悲廉直不容於邪枉之臣 觀往者得失之變 作孤憤·五蠹·內·外儲·說林·說難五十六篇 十餘萬言.

王聞其賢 欲見之. 非爲韓使於秦 因上書說王曰: "今秦地方數千里 師名百萬 號令賞罰 天下不如. 臣昧死願望見大王 言所以破天下從之計. 大王誠聽臣說 一擧而天下之從不破 趙不擧 韓不亡 荊·魏不臣 齊·燕不親 霸王之名不成 四鄰諸侯不朝 大王斬臣以徇國 以戒爲王謀不忠者也." 王悅之 未任用. 李斯嫉之曰: "韓非 韓之諸公子也 今欲幷諸侯 非終爲韓不爲秦 此人情也. 今王不用 久留而歸之 此自

遺患也; 不如以法誅之." 王以爲然 下吏治非. 李斯使人遺非藥 令 早自殺. 韓非欲自陳 不得見. 王後悔 使人赦之 非已死矣.

【강목|절요】*

## 평설

한(韓)나라의 공자인 한비자(韓非子)는 형명법술을 공부한 사람이었다. 그는 자신이 공부한 법술을 실제 정치에 사용해 보려고 무척 애를 썼다.

먼저는 자기 나라인 한나라에서 한왕에게 자기의 법술을 건의했으나 채용되지 않았다. 다음에 한나라가 진나라에 칭번하는 기회를 이용하여 한의 사자로 진에 들어가서 진왕에게 사방의 나라들이 진나라에 칭번하게 하겠다고 건의하였다.

이에 대하여 진왕이 관심을 보였으나 아직 채용하지 않은 틈을 이용하여 축객령을 취소하게 하고 진나라에 남아 있던 이사가 한비자를 시기하여 그를 죽였다. 이사는 한비자가 자기보다 우수한 사람이라는 것을 파악하고 한비자가 진왕에게 채용되지

---

* 【강목】 (강) ○韓遣使稱藩於秦 (목) 初 韓諸公子非 善刑名法術之學 見韓削弱 數以書干韓王 王不能用 非疾治國不務求人任賢 反擧浮淫之蠹加之功實之上 寬則寵名譽之人 急則用介冑之士 所養非所用 所用非所養 作孤憤·五蠹·說難等篇 十餘萬言 至是 王使納地效璽於秦 請爲藩臣 非因說秦王曰 大王誠聽臣說 一擧而天下之從不破 趙不擧韓不亡 荊·魏不臣 齊·燕不親 則斬臣徇國 以戒爲王謀不忠者 王悅之 未用 李斯譖之 下吏自殺【절요】韓王納地, 請爲藩臣, 使韓非來聘. 韓非者, 韓之諸公子也, 善刑名法術之學, 見韓之削弱, 數以書干韓王, 韓王不能用. 於是韓非作說難·孤憤·五蠹·說林五十六篇, 十餘萬言.

않게 하려고 하옥시키게 하였다가 죽인 것이다.

한비자를 하옥시켜야 한다는 이사의 논리는 진나라에서 축객령을 만들었던 논리와 같았다. 진나라 사람이 아니면 진나라를 위한 계책을 내 놓지 않을 것이라고 한 것이다.

자기가 진의 종친들에게 쫓겨나는 신세가 되었을 때에는 인재를 끌어 모으는 데는 국적을 가려서 안 된다는 국제주의를 주장하더니, 자기가 권력을 잡고 난 다음에는 국수주의로 돌아섰다. 자기 이해관계에 따라서 주장이 달라진 것이다.

이러한 모습은 비단 이사에게만 있었던 것은 아니다. 한비자의 경우에도 자기의 나라가 아닌 진나라에 가서 자기의 재주를 발휘해 보려고 하였다. 자기의 재주를 자기의 출세와 이익에 이용하려 한 것이다.

《절요》에서는 아주 간단히 한비자의 재주에 관하여서만 기록하였고, 《강목》에서는 이사가 한비자를 시기하여 죽였다는 것까지 기록하였다. 그러한 점에서 《절요》는 지나치게 간략하게 기록하여 전체를 잘못 이해할 수 있도록 편집되었음을 볼 수 있다.

# 한비자에 대한 평가

**원문번역**

양자(揚子)의 《법언(法言)》에서 말하였습니다.

어떤 사람이 물었다. '한비자는 〈세란(說難)〉이라는 책을 지었지만, 끝내는 세란으로 죽었으니 묻건대, 어찌하여서 상황이 반대가 되었을까?' 말하였다. '세란이 대개 바로 그가 죽은 이유요.' 말하였다. '왜 그럴까?' '군자는 예(禮)를 가지고 움직이고 의를 가지고 그치는데, 맞으면 나아가고 아니면 물러나는 것이지, 확실히 그것이 맞지 않을까 걱정하지는 않는 것이다. 무릇 다른 사람에게 유세하며 그것이 맞지 않을까 걱정한다면 또한 못 이를 곳이 없을 것이오.'

어떤 이가 말하였다. '한비자는 유세한 것이 맞지 않을까 걱정하였는데 그릇되었는가?' 말하였다. '유세가 도(道)에서 말미암지 않으면 걱정거리가 되고, 도로 말미암았는데 맞지 않았다 하여도 그것은 걱정거리가 아니다.'

신 사마광이 말씀드립니다.

신(臣)이 듣건대, 군자는 그의 친한 사람과 친해지기 시작하여 다른 사람의 친한 사람에까지 이르는 것이고, 그의 나라를 사랑하는데서 시작하여 다른 나라에까지 이르는 것이니, 이렇게 하여서 공로는 크게 되고 이름은 아름다워져서 백가지 복을 향유하게 됩니다.

이제 한비자는 진을 위하여 꾀를 획책하고 먼저 그의 종주국을 전복시키려 하고 그 말을 팔았으니, 죄는 진실로 죽어도 용서받지 못할 것이니, 어찌 충분히 가련하다 하겠습니까!

## 원문

揚子法言曰: 或問: "韓非作說難之書而卒死乎說難 敢問何反也?" 曰: "說難蓋其所以死乎!" 曰: "何也?" "君子以禮動 以義止 合則進 否則退 確乎不憂其不合也. 夫說人而憂其不合 則亦無所不至矣." 或曰: "非憂說之不合 非邪?" 曰: "說不由道 憂也. 由道而不合 非憂也."

臣光曰: 臣聞君子親其親以及人之親 愛其國以及人之國 是以功大名美而享有百福也. 今非爲秦畫謀 而首欲覆其宗國 以售其言 罪固不容於死矣 烏足憨哉!

【강목|절요】*

---

*【강목】(목) 揚子曰 韓非作說難而卒死乎說難 何也 曰 說難蓋其所以死也 君子以禮動 而義止 合則進 否則退 確乎不憂其不合也 夫說人而憂其不合 則亦無所不至矣 司馬公曰 君子親其親以及人之親 愛其國以及人之國 非為秦謀而首欲覆其宗國 罪

**평설**

　　한비자에 대한 양웅과 사마광의 평가이다. 양웅은 한비자가 죽은 것은 예를 기준으로 행동하거나 도(道)에 맞도록 유세해야 하는데, 재주만을 가지고 행동하고 다른 사람에게 유세하였기 때문이라고 말했다. 그러므로 그 말 뒤에는 이사가 죽이지 않았더라도 죽었을 것이라는 뉘앙스가 스며 있다.

　　이에 대하여 사마광은 한비자가 출세를 위하여 자기의 조국을 버렸으니 죽어서 마땅하다는 견해를 보였다. 이러한 두 사람의 평론은 그들이 살았던 시대 배경을 가지고 이해해야 한다.

　　양웅은 전한 말 왕망시절의 인물이었고, 사마광은 북송시절의 인물이다. 양웅은 전한 말의 유가적 기준으로 말한 것이고, 사마광의 평론 역시 북송시기의 새로운 유학 사조에서 나온 평가라고 할 것이다.

　　《절요》는 이러한 평가를 하나도 싣지 않았고, 《강목》은 이를 간략하게 실었다. 그러므로 《강목》에서는 《자치통감》을 편찬한 사마광의 의도를 그대로 따라 주고 있음을 알 수 있다.

---

固不容於死矣 烏足愍哉 【절요】 내용없음

# 6국 병합의 시작

**원문 번역**

시황제 15년(己巳, 기원전 232년)

1 왕이 크게 군사를 일으켜서 조를 치는데, 한 군은 업(鄴, 하남성 安陽市 북쪽)에 이르고, 한 군은 태원(太原, 산서성 태원시)에 도달하여 낭맹(狼孟, 태원의 경계 지역)·파오(番吾, 하북성 平山縣)를 빼앗았는데, 이목(李牧)을 만나자 돌아왔다.

2 애초에, 연의 태자 희단(姬丹)이 일찍이 조에 인질로 있으면서 왕과 잘 지냈었다. 왕이 즉위하자 희단은 진에 인질이 되었는데 왕은 예로 대우하지 않았다. 희단이 분노하여 도망쳐서 돌아갔다.

시황제 16년(庚午, 기원전 231년)

1 한이 남양(南陽, 하남시 남양시 부근)의 땅을 바쳤다. 9월에 군졸을 발동하여 한에서 땅을 받았다.

2 위인(魏人)이 땅을 바쳤다.

3 대(代, 하북성 蔚縣)에서 지진이 있었는데, 낙서(樂徐, 지금의 지명 모

름)의 서쪽에서부터 북쪽으로 평음(平陰, 지금의 지명은 모름)까지에 있는 대(臺)와 가옥과 담장의 태반이 파괴되었고, 땅은 동서로 130보(步)나 갈라졌다.

시황제 17년(辛未, 기원전 230년)

1  내사(內史) 승(勝)이 한을 멸망시키고 한왕 한안(韓安)을 포로로 잡고, 그 땅에 영천군(潁川郡, 하남성 禹縣)을 설치하였다.

2  화양태후(華陽太后)가 죽었다.

3  조에 큰 기근이 있었다.

4  위(衛)에서는 원군(元君, 47대)이 죽고, 아들 위각(衛角)이 섰다.

## 원문

十五年

1  王大興師伐趙 一軍抵鄴 一軍抵太原 取狼孟·番吾; 遇李牧而還.

2  初燕太子丹嘗質於趙 與王善. 王卽位 丹爲質於秦 王不禮焉. 丹怒亡歸.

十六年

1  韓獻南陽地. 九月 發卒受地於韓.

2  魏人獻地.

3  代地震 自樂徐以西 北至平陰 臺居牆垣太半壞 地坼東西百三十步.

十七年

1  內史勝滅韓 虜韓王安 以其地置潁川郡.

2  華陽太后薨.

3 趙大饑.

4 衛元君薨 子角立.

【강목|절요】*

**평설**

진 시황제 15년부터 17년까지 3년간은 진이 조를 공격하다가 비록 이목 장군을 만나서 주춤하기는 했지만 무력을 통해 주변국의 영토를 잠식하려는 기세는 줄어들지 않았다. 그리하여 그 기세에 눌려 위와 한에서는 스스로 땅을 진에 헌납하는 일이 벌어진다.

이러한 진의 확장 정책의 결과 전국시대 7국 가운데 최초로 한(韓)이 멸망하여 진의 영역이 된다. 진나라는 한이 멸망한 그 자리에 다른 제후를 임명하지 않고 바로 군을 설치하여 진이 직접적으로 통치하는 제도를 시행한다.

이러한 상황에서 연나라의 태자가 진에 인질로 갔다가 진왕 영정이 자기에게 예의로 대해 주지 않는다는 이유로 도망하여

---

* 【강목】(강) 己巳 (목) 秦十五 楚六 燕二十三 魏十一 趙四 韓七 齊三十三年 (강) 秦伐趙取狼孟番 吾遇李牧而還 ○燕太子丹自秦亡歸 (목) 初丹嘗質扵趙 與秦王善 及秦王即位 丹質扵秦 秦王不禮焉 丹怒 亡歸. (강) 庚午 (목) 秦十六 楚七 燕二十四 魏十二 趙五 韓八 齊三十四年 (강목) 秋九月 韓獻南陽地于秦○代地震坏東西百三十步. (강) 辛未 (목) 秦十七 楚八 燕二十五 魏十三 趙六 韓九 齊三十五年 ○是歲韓亡 凡六國 (목) 秦内史勝滅韓 虜王安 置潁川郡 (강) 趙大饑 【절요】己巳. 初, 燕太子丹嘗質於趙, 與王善. 王即位, 丹爲質於秦, 王不禮焉. 丹怒, 亡歸. 辛未. 內史勝滅韓, 虜韓王安, 以其地置潁川郡.

한나라가 진에 멸망한 후 7국도(기원전 230년)

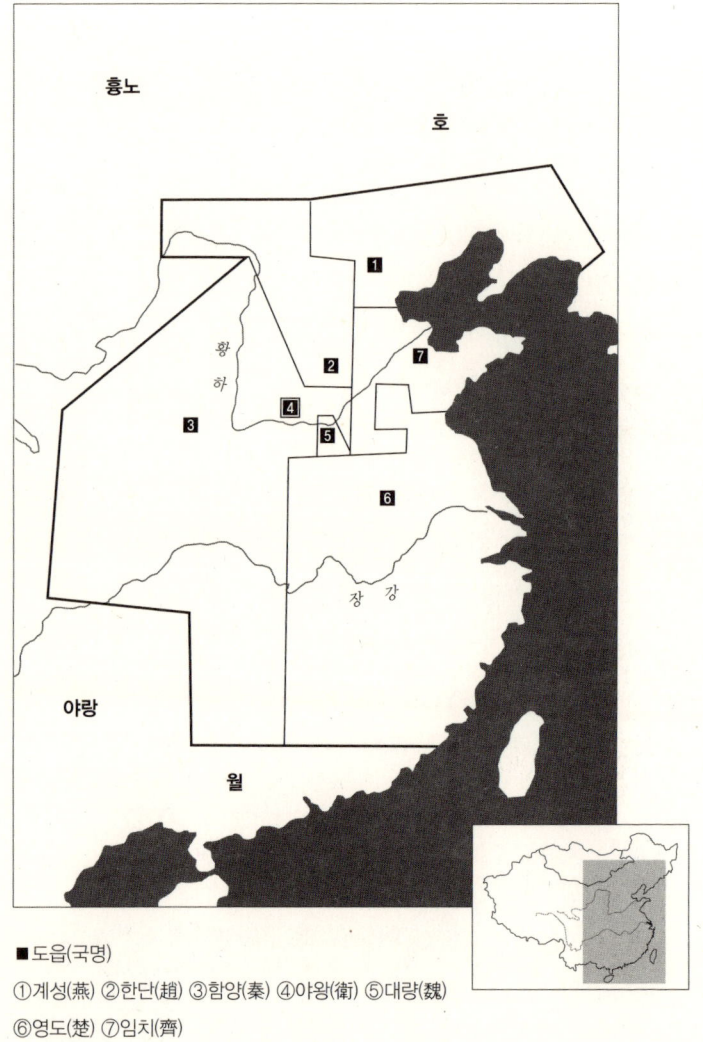

■도읍(국명)
①계성(燕) ②한단(趙) ③함양(秦) ④야왕(衛) ⑤대량(魏)
⑥영도(楚) ⑦임치(齊)

연으로 돌아오는 사건이 일어난다.

 연태자 단이 만약에 똑똑했다면 진에 가 있는 동안 진의 강점과 약점을 살펴서 연나라가 살아남을 방도를 생각했을 것이다. 그러나 그는 겨우 자기에 대한 대우가 마음에 들지 않는다고 화를 냈으니, 연나라의 앞날은 어려움이 있을 것이 분명하다. 결국 그는 세상이 변해가고 있는 것을 감지하지 못하였고, 이 때문에 연은 오히려 멸망을 재촉하게 된다.

 《강목》과 《절요》는 이 사건을 간략하게나마 기록하여 이 사건의 중요성을 인정하였다.

# 조나라의 멸망

**원문 번역**

시황제 18년(壬申, 기원전 229년)

1 왕전(王翦)이 상지(上地, 섬서성 綏德縣)의 군사를 거느리고 정형(井陘, 하북성 井陘縣)으로 내려가고, 단화(端和)는 하내(河內, 하남성 沁陽縣)의 군사를 거느리고 함께 조를 쳤다. 조의 이목(李牧)·사마상(司馬尙)이 이를 막았다. 진인(秦人)들은 조왕이 총애하는 신하인 곽개(郭開)에게 금품을 많이 주고 그로 하여금 이목과 사마상을 헐뜯으면서 그들이 반란을 하려고 한다고까지 말하게 하였다.

조왕은 조총(趙葱)과 제의 장수 안취(顔聚)로 하여금 그들을 대신하게 하였다. 이목이 이 명령을 받아들이지 않았는데, 조인(趙人)들이 그를 잡아서 죽였으며, 사마상을 폐출했다.

시황제 19년(癸酉, 기원전 228년)

1 왕전이 조의 군대를 공격하여 이를 대파하고 조총을 죽이자 안취는 도망치니 드디어 한단(邯鄲, 조의 도읍)에서 승리하였고,

조왕 조천(趙遷)을 포로로 잡았다. 왕이 한단에 가서 옛날 자기 어머니의 집안과 원수진 사람을 모두 죽였다. 돌아오면서 태원(太原, 산서성 태원시)·상군(上郡, 섬서성 綏德縣)에서부터 귀국하였다.

2 태후(太后)가 죽었다.
3 왕전이 중산(中山, 하북성 定縣)에 주둔하여 연에 다가갔다. 조의 공자(公子) 조가(趙嘉)가 그의 집안사람 수백 명을 인솔하고 대(代, 하북성 蔚縣)로 달아나서 자립하여 대왕(代王, 6대)이 되었다. 조가 망하니 대부들이 조금씩 그에게 돌아갔고, 연과 군사를 합하여 상곡(上谷, 하북성 懷來縣)에 진을 쳤다.
4 초의 유왕(幽王, 24대)이 죽자, 그 나라 사람들이 그의 동생 미학(羋郝, 25대 幽王)을 세웠다. 3월에 미학의 서형(庶兄)인 미부추(羋負芻)가 그를 죽이고 자립하였다.
5 위(魏)의 경민왕(景湣王, 5대)이 죽고, 아들 위가(魏假)가 섰다.

**원문**

十八年

1 王翦將上地兵下井陘 端和將河內兵共伐趙. 趙李牧·司馬尙禦之. 秦人多與趙王嬖臣郭開金 使毁牧及尙 言其欲反. 趙王使趙蔥及齊將顔聚代之. 李牧不受命 趙人捕而殺之;廢司馬尙.

十九年

1 王翦擊趙軍 大破之 殺趙蔥 顔聚亡 遂克邯鄲 虜趙王遷. 王如邯鄲

진 왕전의 조나라 공격로(기원전 229년~기원전 228년)

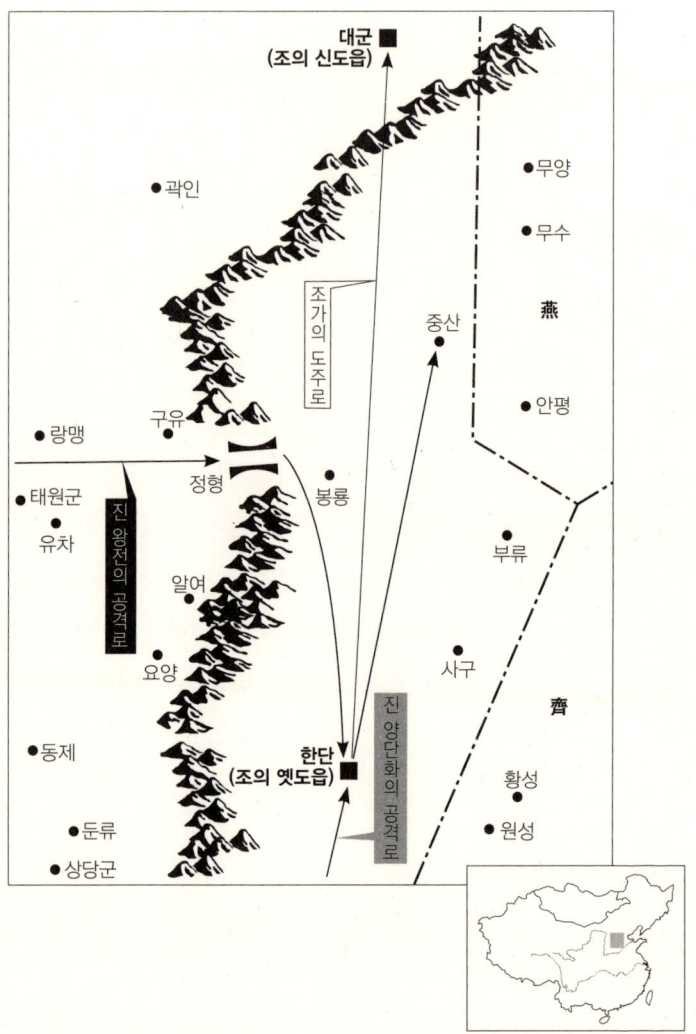

故與母家有仇怨者皆殺之. 還 從太原·上郡歸.

2 太后薨.

3 王翦屯中山以臨燕. 趙公子嘉帥其宗數百人奔代 自立爲代王. 趙之亡 大夫稍稍歸之 與燕合兵 軍上谷.

4 楚幽王薨 國人立其弟郝. 三月 郝庶兄負芻殺之 自立.

5 魏景湣王薨 子假立.

【강목|절요】*

## 평설

진 시황제 18년과 19년 2년 동안에 진나라에 가까이 있던 조나라가 멸망한다. 군사력만을 가지고 말한다면 조나라는 그리 쉽게 멸망할 상태는 아니었다.

지난해에 진나라의 장군 왕전이 조나라를 공격하였으나 조나라 명장 이목을 대장군으로 삼는 바람에 진나라의 왕전은 실패하고 돌아갔었다. 또 진 시황 18년에는 두 길로 나누어 조를 공격하였지만 조나라에서는 이 역시 잘 막아냈다.

---

* 【강목】 (강) 壬申 (목) 秦十八 楚九 燕二十六 魏十四 趙七 齊三十六年 (강) 秦王翦伐趙下井陘趙殺其大將軍李牧 (목) 秦王翦伐趙趙使李牧禦之秦多與趙嬖臣郭開金使言牧欲反趙王使趙葱顔聚代之牧不受命遂殺之. (강) 癸酉 (목) 秦十九 楚十 燕二十七 魏十五 趙八 齊三十七年 ○是歲趙亡凡五國 (강) 秦滅趙虜王遷秦王如邯鄲 (목) 故與母家有仇者皆殺之. (강) 秦軍屯中山以臨燕秦軍屯中山以臨燕○趙公子嘉自立爲代王與燕合兵軍上谷○楚王薨弟郝立 三月郝庶兄負芻殺之自立 【절요】 癸酉. 王翦擊趙軍, 大破之, 遂克邯鄲, 虜趙王遷.

그러나 진나라에서는 간첩을 조나라에 보내 이목과 사마상이 반란을 꾀하고 있다고 모함하여 그를 죽게 한다. 그 결과 이번에는 조나라 왕은 포로로 잡히고 조나라는 멸망하게 된다. 결국 조나라는 진나라와의 싸움에서도 지고 정치력에서 진 것이다.

조나라가 망하고 조나라의 태자 조가가 대(代)로 가서 나라를 세워 연나라와 연합하려고 시도한다. 그러나 한번 시들기 시작한 조나라가 재건되기는 어려웠다.

다른 한편으로 남쪽의 초나라에서도 유왕이 죽었다. 유왕은 실제로 춘신군의 아들이었지만 춘신군은 유왕의 외삼촌인 이원에게 죽었다. 이런 혼란 속에서 왕노릇하던 유왕이 죽자 후계를 둘러 싼 내분이 일어났고, 위나라에도 왕이 바뀐다. 모든 상황은 진에게 유리하게 돌아가고 있었다.

# 진왕을 암살하려는 연나라 태자 단

**원문번역**

6 연 태자 희단이 왕을 원망하여 그에게 보복하고자 하여 그 스승인 국무(鞠武)에게 물었다. 국무는 서쪽으로 삼진(三晉, 한·위·조를 말함)과 맹약하고 남쪽으로 제·초와 연결하며, 북쪽으로 흉노와 화친(和親)하고서 진을 도모하도록 청하였다.

태자가 말하였다.

"태부(太傅)의 계책은 날짜를 허비하여 오래 걸리는 것이어서 사람의 마음을 흐리게 하니 아마도 기다릴 수 없을까 걱정입니다."

얼마 있지 않아서 장군 번어기(樊於期)가 죄를 지어서 연으로 도망하니 태자는 그를 받아들여서 거처하게 하였다.

국무가 간하였다.

"무릇 진왕의 포학함으로 연에 대하여 그 노여움을 쌓게 하면 충분히 마음을 떨리게 하는데, 또 하물며 번 장군이 있는 곳인 경우에야! 이는 고기를 굶은 호랑이가 가는 길에 던지는 것을 말합니다. 바라건대 태자께서 빨리 번 장군을 보내 흉노로 들어가게 하십시오."
태자가 말하였다.
"번 장군은 천하에서 아주 어려운 처지가 되어 나 희단에게 몸을 귀의하였으니, 이는 진실로 나 희단이 목숨을 다 할 시기이고, 바라건대 다시 이를 생각해보시오."
국무가 말하였다.
"무릇 위험한 일을 행하는 것은 안전을 구하려는 것인데, 화를 만들면서 복이라 생각하고, 계획은 낮으면서 원망은 깊게 하며 하나의 뒤에 사귄 사람과 연결하려고 국가의 커다란 해로움을 생각하지 않으니 이른바 원망을 북돋아서 화를 만나도록 돕는 것입니다."
태자는 듣지 아니하였다.
태자가 위인(衛人) 형가(荊軻)가 똑똑하다는 말을 듣고 겸손한 말과 많은 예물을 보내면서 그에게 만나보게 해달라고 청하였다. 형가에게 말하였다.
"이제 진은 이미 한왕을 포로로 하고, 또 군사를 들어서 남쪽으로 가서 초를 치고, 북쪽으로 가서 조에 다가갔는데, 조가 진을 지탱하지 못하면 화는 반드시 우리 연에 닥칠 것입니다. 우리 연은 작고 약하여 자주 군사적으로 곤고하게 되었는데, 어찌 진을 충분히 당해내겠습니까? 제후들은 진에 복종하여 감히 합종을 하지 못합니다.

저 희단(姬丹)의 사사로운 계책은 어리석지만 진실로 천하에서 도 뛰어나고 용감한 무사를 얻어서 진에 사자로 보내어 진왕을 위협하여 그로 하여금 침략한 땅을 제후들에게 돌려주게 하고자 하니, 만약 조말(曹沫)이 제 환공에게 벌인 일 같은 경우라면 아주 좋을 것이지만 안 된다면 이를 이용하여 그를 찔러 죽이는 것입니다.

저들의 대장(大將)은 밖에서 군사를 오로지 하고, 안에서는 혼란이 있게 된다면 군신이 서로 의심하게 되고, 그 사이에 제후들이 합종할 수 있게 된다면 진을 깨뜨리는 것은 분명합니다. 다만 형경(荊卿)께서 유의(留意)하십시오."

형가가 이를 허락하였다. 이에 형가를 상사(上舍, 상급의 숙소)에 머물게 하고 태자는 매일 그 문하를 방문하였는데, 형가를 봉양하기 위하여 갖다 주지 않는 것이 없었다.

왕전(王翦)이 조를 멸망시키게 되자, 태자가 이 소식을 듣고 두려워하여 형가를 파견하여 가게 하려 하였다. 형가가 말하였다.

"이제 간다 하여도 믿지 않는다면 진은 아직 친할 수 없을 것입니다. 진실로 번 장군의 머리와 연의 독항(督亢, 涿州郡 新城縣)의 지도를 얻어서 진왕에게 바친다면 진왕은 반드시 기쁘게 신(臣)을 만날 것이고, 신은 이에 보답하겠습니다."

태자가 말하였다.

"번 장군은 곤궁하여 나 희단에게 와서 귀부하였는데, 나 희단은 차마 못하겠소."

형가는 마침내 사사롭게 번어기를 보고서 말하였다.

"진의 장군에 대한 대우는 깊다고 할 수 있으니, 부모와 종족이 모두 살육되었지요! 이제 듣건대 장군의 수급(首級)을 금(金) 1천 근과 읍(邑) 1만 가(家)로 산다니 장차 어찌하겠소?"

번어기가 크게 탄식하고 눈물을 흘리며 말하였다.

"계책을 장차 어찌 내놓을 것이오?"

형경(荊卿 = 荊軻)이 말하였다.

"바라건대 장군의 수급을 얻어서 진왕에게 바치면 진왕은 반드시 기뻐하여 신을 만나볼 것인데, 신은 왼손으로 그 소매를 잡고 오른손으로 그 가슴을 찌른다면 장군의 원수를 보복하고, 연이 모욕을 당한 수치는 없어질 것입니다."

번어기가 말하였다.

"이는 신이 밤낮으로 이를 갈고 마음을 썩인 것이오."

드디어 스스로 목매어 죽었다.

태자가 이 소식을 듣고 달려가서 엎드려 곡하였는데, 그러나 이미 어찌 할 수가 없었고, 드디어 그 수급을 함에 넣었다. 태자는 미리 천하의 예리한 비수(匕首)를 구하고 공인(工人)으로 하여금 이에 독약을 바르게 하여 다른 사람에게 시험을 해보니 피가 실만큼만 나왔는데도 사람이 즉각 죽지 않는 일이 없었다. 마침내 꾸며서 형가를 파견하고 연의 용사인 진무양(秦舞陽)을 부사로 삼아서 사자로 진에 들어가게 하였다.

## 원문

6 燕太子丹怨王 欲報之 以問其傅鞠武. 鞠武請西約三晉 南連齊·楚 北媾匈奴以圖秦. 太子曰: "太傅之計 曠日彌久 令人心惛然 恐不能須也." 頃之 將軍樊於期得罪 亡之燕; 太子受而舍之. 鞠武諫曰: "夫以秦王之暴 而積怒於燕 足爲寒心 又況聞樊將軍之所在乎! 是謂委肉當餓虎之蹊也. 願太子疾遣樊將軍入匈奴!" 太子曰: "樊將軍窮困於天下 歸身於丹 是固丹命卒之時也 願更慮之!" 鞠武曰: "夫行危以求安 造禍以爲福 計淺而怨深 連結一人之後交 不顧國家之大害 所謂資怨而助禍矣." 太子不聽.

太子聞衛人荊軻之賢 卑辭厚禮而請見之. 謂軻曰: "今秦已虜韓王 又擧兵南伐楚 北臨趙; 趙不能支秦 則禍必至於燕. 燕小弱 數困於兵 何足以當秦! 諸侯服秦 莫敢合從. 丹之私計愚 以爲誠得天下之勇士使於秦 劫秦王 使悉反諸侯侵地 若曹沫之與齊桓公 則大善矣; □不可 則因而刺殺之. 彼大將擅兵於外而內有亂 則君臣相疑 以其間 諸侯得合從 其破秦必矣. 唯荊卿留意焉!" 荊軻許之. 於是舍荊卿於上舍 太子日造門下 所以奉養荊軻 無所不至. 及王翦滅趙 太子聞之懼 欲遣荊軻行. 荊軻曰: "今行而無信 則秦未可親也. 誠得樊將軍首與燕督亢之地圖 奉獻秦王 秦王必說見臣 臣乃有以報." 太子曰: "樊將軍窮困來歸丹 丹不忍也!" 荊軻乃私見樊於期曰: "秦之遇將軍 可謂深矣 父母宗族皆爲戮沒! 今聞購將軍首 金千斤 邑萬家 將奈何?" 於期太息流涕曰: "計將安出?" 荊卿曰: "願得將軍之首以獻秦王 秦王必喜而見臣 臣左手把其袖 右手揕其胸 則將軍之

仇報而燕見陵之愧除矣!" 樊於期曰: "此臣之日夜切齒腐心也!" 遂
自刎. 太子聞之 奔往伏哭 然已無奈何 遂以函盛其首. 太子豫求天
下之利匕首 使工以藥焠之 以試人 血濡縷 人無不立死者. 乃裝爲遣
荊軻 以燕勇士秦舞陽爲之副 使入秦.

【강목|절요】*

---

*【강목】(강) 甲戌 (목) 秦二十 楚王負芻元 燕二十八 魏王假元 齊三十八年 ○代
王嘉元年○舊國五新國一凡六 (강) 燕太子丹使盜劫秦王不克秦遂擊破燕代兵進圍
薊 (목) 初 丹旣亡歸怨秦王 欲報之 以問其傅鞠武 武請約三晉連齊·楚 媾匈奴以圖
之 太子曰 太傅之計 曠日彌久 令人心惽然 恐不能須也 頃之 秦將軍樊於期得罪 亡
之燕 太子受而舍之 鞠武諫 不聽 太子聞衛人荊軻賢 卑辭厚禮而請見之 謂曰 秦已
虜韓 臨趙 禍且至燕 燕小 不足以當秦 諸侯又皆服秦 莫敢合從 丹以爲誠得天下之
勇士使於秦 劫秦王 使悉反諸侯侵地 若曹沫之與齊桓公 盟則善矣 不可 則因而刺
殺之 彼大將擅兵於外而內有亂 則君臣相疑 以其間 諸侯得合從 破秦必矣 惟荊卿
留意焉 軻許之 乃舍軻上舍 丹日造門 所以奉養軻 無不至 會秦滅趙 丹懼 欲遣軻 軻
曰 行而無信 則秦未可親也 願得樊將軍首及燕督亢地圖 以獻秦王 秦王必悅見臣 臣
乃有以報 丹曰 樊將軍窮困來歸丹 丹不忍也 軻乃私見於期曰 秦王遇將軍 可謂深矣
父母宗族皆爲戮沒 今聞購將軍首 金千斤 邑萬家 將奈何 於期太息流涕曰 計將安出
軻曰 願得將軍之首 以獻秦王 秦王必喜而見臣 臣左手把其袖 右手揕其胸 則將軍之
仇報而燕見陵之愧除矣 於期曰 此臣之日夜切齒腐心者也 遂自刎 丹奔往伏哭 然已
無可奈何 乃函盛其首 又嘗豫求天下之利匕首 以藥淬之 以試人 血濡縷 無不立死者
乃裝遣軻 至咸陽【절요】○燕太子丹怨王, 欲報之, 將軍樊於期得罪, 亡之燕, 太子
受而舍之. 太子聞衛人荊軻之賢, 卑辭厚禮而請見之. 欲使劫秦王, 反諸侯侵地. 不
可, 因刺殺之. 軻曰:「今行而無信, 則秦未可親也. 誠得樊將軍首與燕督亢之地圖,
奉獻秦王, 秦王必說見臣, 臣乃有以報.」乃私見樊於期曰:「聞購將軍首, 金千斤,
邑萬家, 願得將軍之首以獻秦王, 秦王必喜而見臣, 臣左手把其袖, 右手揕其胸, 則
將軍之仇報而燕見陵之愧除矣!」樊於期曰:「此臣之日夜切齒腐心也!」遂自刎, 以
函盛其首. 太子豫求天下之利匕首, 使工以藥焠之, 以試人, 血濡縷, 人無不立死者.
乃遣入秦.

**평설**

　이 이야기는 연나라의 태자인 희단(姬丹)이 진왕 영정(嬴政, 시황제)이 자기에게 예의로 대하지 않는다고 하여 화가 나서 영정을 암살하려고 하다가 실패한 사건이다.

　《자치통감》에서는 희단이 자객(刺客)인 형가를 고용하고 영정을 암살하려고 모든 준비를 마친 후 비수를 숨기고 영정이 좋아할 만한 선물인 번어기의 목과 연나라의 땅을 헌납한다는 명목으로 진나라에 들어가는 것까지를 기록하고 있다. 형가가 진에 들어간 것은 그 다음해이기 때문이다.

　《절요》에서도 비록 간략하게 줄였지만 여기까지만 기록하고 있는데 대하여 《강목》에서는 그 다음해에 일어나는 일도 기록하고 있다. 즉 연태자 희단의 영정 암살 계획이 실패로 돌아가자 진나라가 군사를 동원하여 연나라의 도읍인 계(薊)를 포위한 일까지를 기록한 것이다.

　그러나 진군이 계를 포위한 것은 그 다음해인 진 시황 20년(기원전 227년)의 일이다. 그러한 점에서 《강목》의 기록은 정확한 편년적 기록이 되지 못하고 있다.